QUESTIONS

DE

JURIDICTION PARLEMENTAIRE.

SE TROUVE ÉGALEMENT

CHEZ CHATET, LIBRAIRE,
PLACE DU PALAIS-ROYAL,

DENTU, LIBRAIRE,
PALAIS-ROYAL;

ET LES MARCHANDS DE NOUVEAUTÉS.

IMPRIMERIE DE DUCESSOIS,
Quai des Augustins, 55.

QUESTIONS

DE

JURIDICTION PARLEMENTAIRE

OU

EXAMEN JURIDIQUE

DE L'ACCUSATION ET DU JUGEMENT

PORTÉS

CONTRE LES DERNIERS MINISTRES
DE CHARLES X.

PAR M. DE PEYRONNET.

*Dedimus profecto grande patientiæ
documentum.*

TACITE, Vie d'Agricola.

PARIS.

LOUIS JANET, LIBRAIRE-ÉDITEUR,
RUE SAINT-JACQUES, 59.

—

1831

QUESTIONS

DE

JURIDICTION PARLEMENTAIRE.

CHAPITRE PREMIER.

DESSEIN DE CET ÉCRIT.

Je suis condamné, et ne me tiens pas pour jugé.

Je tiens, 1° que je ne pouvais pas être jugé; 2° que le droit n'en appartenait pas à ceux qui l'ont exercé; 3° que l'exercice qu'ils en ont fait est abusif, illégal et nul.

1

Cette opinion paraîtra singulière à quelques
personnes, qui auront bien leurs raisons pour
la trouver telle.

Moi, je la crois naturelle et juste, et je ne
doute point que les hommes sincères de tous les
partis ne l'entendent de la même manière que
moi.

Mais il faut pour cela leur en exposer les raisons, et je vais le faire.

Dès le premier moment où des hommes publics se sont présentés à moi, leur accusation à
la main, je leur ai dit : Vos procédures sont
illégales ; je fais mes réserves.

Quand on m'a conduit devant ceux qui se
proposaient de juger, les premiers et les derniers
mots sortis de ma bouche, ont été ceux-ci : je
proteste.

On m'excitait à en expliquer les motifs : Je
n'ai pas voulu.

Que sert de parler à des oreilles scellées, et
quel avantage y a-t-il d'avoir raison en présence de ceux qui n'ont pas la liberté de vous
dire : Vous avez raison ?

Mieux vaut se taire alors, pour eux et pour soi.

Dans ce temps, il ne s'agissait encore que d'accusation, et mes brèves protestations n'allaient pas plus loin.

Depuis, il est survenu un arrêt, et mes protestations, de plus en plus légitimes, ont dû s'étendre et s'élever jusqu'à lui.

Je m'en suis pourtant abstenu. J'ai laissé passer plusieurs mois, sans faire entendre, je ne dis pas une plainte, à quoi je ne songe point, mais une censure, à quoi je ne cessais point de songer.

Les passions étaient trop émues, et quoique je ne les craigne point au-delà de ce qui se doit, je fais néanmoins quelque différence entre le danger nécessaire que l'honneur affronte, et le danger inutile que suscite un empressement indiscret.

Aujourd'hui, il s'est fait quelques changemens. Le temps est plus calme, et les esprits sont moins prévenus.

Je puis donc maintenant ce qui était alors impossible. Ce qui m'eût attiré plus tôt le blâme des hommes sensés, m'attirera peut-être en ce moment leur approbation.

Si je me trompais, ce serait sans doute un malheur ; mais ce ne serait pas une faute.

Car il faut bien, à moins de me renoncer moi-même, que je dise une fois ce que j'ai à dire, et si après une si longue attente on n'est pas préparé à m'entendre, quand le serait-on ?

Plus tôt, ç'eût été peut-être trop tôt : sur ce point, je ne voudrais pas contredire. Mais plus tard, ce serait trop tard, au moins pour moi ; chose qui est bien de quelque considération dans une affaire qui ne concerne que moi.

Comme je suis seul dans mon dessein, les inconvéniens, s'il y en a, ne devront retomber que sur moi seul. Mais je ne ferai point à ceux de qui cela doit dépendre, l'injure d'accorder qu'il puisse y en avoir.

Je suis à la discrétion de mes ennemis ; cela peut être. Mais je craindrais aussi de leur faire tort, si je doutais que le plus grand nombre soit déjà las du mal qui m'a été fait.

J'use d'un droit naturel : personne n'y peut trouver à redire.

J'en userai, d'ailleurs, de manière à n'exciter

aucun ressentiment équitable. Telle est du moins ma ferme intention.

La plus grande partie de cet écrit a été faite à Vincennes. Je la mettais sur le papier, au mois de novembre, pendant qu'on disputait, en tant de lieux différens, s'il me faudrait mourir, et de quelle mort.

Je n'y changerai rien. Plusieurs personnes qui l'ont vue alors pourront l'attester. On me pardonnera cette espèce de fidélité pieuse pour des pensées conçues en ce lieu et dans ce temps.

Le dernier chapitre a été fait depuis. La date du jugement qui en est le sujet, l'indique assez.

CHAPITRE II.

QUESTION DE FAIT.

Au 18 mai 1830, quand le nouvel arrange-
ment ministériel fut fait, l'état de la France
était devenu un phénomène bizarre. La puissance extérieure de ce royaume s'était relevée et
fortifiée. L'Europe l'observait et le redoutait.
On écoutait ses conseils, on acceptait son appui,
on ne résistait pas à ses desseins. Sa flotte,
équipée avec une rapidité merveilleuse, se pré-
parait à une expédition brillante et hardie; ses
troupes marchaient, pleines de courage, à la
conquête d'Alger.

Au dedans, une prospérité inouïe. Son crédit n'avait jamais été aussi florissant; ses impôts n'avaient jamais donné de plus faciles produits. Sa population croissait; la culture de ses terres s'étendait et s'améliorait; d'innombrables cons-tructions s'élevaient jusques dans les moindres hameaux; en aucun temps et en aucun lieu de la terre, le peuple n'avait jamais eu tant d'ai-sance.

L'industrie et le commerce ne souffraient que de leurs progrès. Les sciences poursuivaient glo-rieusement leurs travaux. Les arts encouragés se développaient. Les lettres divisées, mais non affaiblies, cherchaient de nouveaux systèmes pour exercer leurs forces qui surabondaient. Les lois étaient, sinon respectées, au moins obser-vées : tout était plein de sécurité et de liberté.

Un prince était sur le trône, d'un âge avancé, d'un caractère facile, d'un langage gracieux et bon, renommé pour son affabilité et sa bien-veillance. Près de lui, un autre prince connu de l'armée, bon soldat, sage capitaine, à qui une expédition récente et bien dirigée, avait con-cilié l'estime de l'Europe et de la France. Près d'eux, un prince enfant, consacré par le malheur avant que de naître, espoir et consolation de la monarchie.

A côté de cela, un spectacle tout opposé. De nombreux partis divisaient cette nation si tranquille. Partout la défiance et la haine. Ceux-ci craignant les excès de l'irréligion et de la licence ; ceux-là les entreprises des prêtres et les envahissemens de l'autorité. Le prince méconnu, gémissait, s'inquiétait, s'irritait. Ses droits disputés et même affaiblis, entretenaient en lui des pressentimens douloureux. Les partis au contraire s'enflaient et s'enhardissaient. Des succès récens leur en faisaient espérer de plus étendus. Jamais leur activité n'avait été si grande, ni leur intelligence mieux établie, ni leurs projets plus profonds et mieux combinés.

Trois d'entre eux formaient, par leur alliance, une opposition formidable. L'un, plus calme et plus réfléchi, confiant en sa sagesse et en ses doctrines, travaillait, presque à son insu, à pervertir la nature du gouvernement, qu'il croyait fortifier, bien loin de vouloir le détruire. Celui-là marchait régulièrement, à l'abri de la constitu-

tion et des lois, fondant son espoir sur des
mouvemens parlementaires et sur des progrès
d'opinion. Il ne conspirait pas ; il était témoin
dédaigneux et silencieux de conspirations qu'il
espérait contenir.

Dans les deux autres, il y avait des conspirations. On y voyait, comme parmi les protestans
de France, au seizième siècle, des organisations,
des associations, des contributions, des amas
d'armes, des chefs assignés et connus. Ils le pro-
clament maintenant ; on peut bien les croire.

De toutes parts, des signes funestes. Les liens
d'affection et de subordination se détendaient et
se relâchaient. A force de raisonner sur les sentimens et sur les devoirs, on ne se croyait plus
tenu à aucun. Les écrivains s'opposaient, les
magistrats contestaient, l'armée hésitait, la cour
doutait d'elle-même. C'était à qui renierait l'autorité, ou l'envahirait. Religion et morale, lit-
térature et philosophie, histoire et beaux-arts,
tout était devenu un champ de dispute, et toute
dispute se retournait contre le pouvoir. Succès,
fortune, honneur, renommée, il n'y avait plus
rien qu'à ce prix. Le gouvernement, seul avec

ses droits et ses titres, n'avait plus personne pour les reconnaître. Cette monarchie, toute libre et toute prospère, menaçait de s'abîmer sur ses fondemens.

Le mal, dont les progrès avaient été si cruellement marqués par la division de l'une des chambres et de la couronne, en avait fait de plus grands encore par cette division même, de plus grands par la dissolution de la chambre, de plus grands enfin par les élections. Où était, et d'où pouvait venir le remède? La couronne vaincue, que devenait-elle? L'opposition vaincue...... mais comment la vaincre?

Après que les élections furent faites, trois systèmes de politique s'offraient au choix des hommes d'état.

Ou revenir sur ses pas, révoquer ses actes, démentir ses promesses, rétracter ses paroles, changer le caractère des institutions fondées par la Charte, et se mettre sans réserve à la merci de l'opposition.

Ou puiser dans un article fameux de la Charte quelques-uns de ces expédiens décisifs, indiqués depuis long-temps par les publicistes.

Ou se placer dans une combinaison mixte et moyenne; n'avançant point, ne reculant point; ne s'élevant ni ne s'abaissant; n'humiliant personne et n'acceptant non plus aucune humiliation; toujours défendant, protégeant et justifiant; immobiles et persévérans dans le droit et dans la raison; lassant l'impatience d'autrui; patient et infatigable soi-même dans sa propre patience; confiant enfin dans le temps, et laissant arriver le jour infaillible des fautes et de la division de ses ennemis.

Je conçois que le premier plan parût impossible. Après ce qu'on avait déjà vu; après les engagemens de la chambre et de la couronne; après les discours et l'adresse; après les actes de prorogation et de dissolution, un si prodigieux retour avait de quoi rebuter et épouvanter. Ç'eût été peu des prérogatives perdues, s'il n'avait fallu perdre en même temps l'ascendant et la dignité. Ç'eût été peu de l'autorité matérielle, si l'autorité morale avait pu survivre.

Le second projet n'était pas seulement difficile; les difficultés en étaient le moindre inconvénient. Faible et douteux à sa base même;

plus douteux encore, à son exécution et à ses effets, s'il pouvait servir et favoriser, il pouvait aussi devenir funeste : funeste, ai-je dit, et il l'a été ! Il eût fallu tant de prudence avant l'entreprise, tant de modération après l'avoir achevée ! Il fallait de la force afin d'en user ; plus de force encore afin de n'en pas abuser : de la force envers les autres, de la force encore sur soi-même ; et la force était justement ce dont on était le plus dépourvu.

Le troisième plan, je ne saurais le nier, offrait à son tour beaucoup de dangers et beaucoup d'obstacles. Qui pouvait dire à qui demeurerait l'avantage dans cette lutte hardie, qu'il s'agissait d'engager ? Qui pouvait garantir que les fautes ne viendraient pas plutôt du côté qui aurait fondé son espoir sur celles de l'autre ? Qui pouvait s'assurer qu'on ne s'écarterait point de la voie tracée, et qu'on ne manquerait jamais ni de persévérance, ni de modération, ni d'habileté ? Qui pouvait déguiser aux autres et à soi-même, les inconvéniens d'une entreprise inouïe, où il n'y allait de rien moins que de triompher du plus grand nombre par le moins

grand? Qui pouvait même, car on doit aller
jusque-là, qui pouvait promettre que nonobs-
tant le succès, l'état des affaires ne continue-
rait pas à se compliquer, et qu'après quelques
mois d'espoir et d'efforts perdus, le corps politique ne retomberait pas dans l'état de crise
dont on aurait à peine interrompu les progrès?
Qui sait enfin si les combinaisons ennemies
n'auraient pas, dès les premiers jours, prévenu
et déconcerté ces combinaisons? On n'a aujour-
d'hui que trop de motifs pour le supposer.

Tout était donc obstacle et abîme : prévenir
ou attendre, et dans les deux cas, péril ou
malheur! Les hommes d'état (et je mérite peut-
être d'en être cru) n'avaient plus que le choix
des fautes, et le seul moyen qu'il leur restât
pour s'en préserver, était de commettre la plus
indigne de toutes, une lâcheté. Ils pouvaient
pourvoir à eux-mêmes, et délaisser les affaires,
cela est vrai. Mais ces sortes de ressources-là ne
sont pas à l'usage de tout le monde.

CHAPITRE III.

DE LA JURIDICTION.

LE meilleur juge, dans l'état régulier d'une société organisée et constituée, n'est ni le plus éclairé, ni le plus sage. C'est celui en qui rien ne manque de ce qui forme le droit de juger.

Or, le droit de juger résulte à la fois de la loi qui l'a fondé et qui l'attribue; de la connaissance qu'a de cette loi, celui qui se rend coupable du fait qu'on accuse; enfin du consentement qu'il a donné à être jugé selon cette loi, en continuant de vivre dans le pays où elle est établie. C'est la condition qu'on lui a faite pour la protection qu'il y recevait. Il a connu et accepté cette condition. Le contrat est parfait et irrévocable.

Si je demandais pour quelle raison de certains tribunaux, en qui l'on ne retrouvait pas les trois circonstances que je viens de dire, ont été si justement et si vivement censurés comme inconciliables avec les principes d'un gouvernement équitable et libre, je croirais pouvoir porter le défi d'en donner une autre, si ce n'est qu'ils n'avaient pas été formés avant le délit, et que l'accusé qui n'avait pu prévoir qu'il serait jugé par eux, n'avait pu, à plus forte raison, y donner son consentement.

Assigner des juges après le délit, et en vue de l'accusation, a toujours été considéré comme le pouvoir le plus dangereux des gouvernemens absolus; par cela même, comme étranger aux gouvernemens libres.

Supposez une loi qui ait institué une cour de justice; supposez ses membres nommés, ses règles de jugement établies, le nombre de voix nécessaire pour absoudre ou condamner, fixé et connu : de quoi pourra se plaindre l'accusé qu'on

traduira devant elle, si l'action qu'on lui attribue a été commise depuis cet établissement? On
ne lui ôte aucune des garanties que la loi qu'il
connaissait lui avait promises. On lui fait le sort
qu'il a dû prévoir, et qu'il a voulu.

Supposez au contraire, si ce n'est pourtant
qu'une supposition; supposez l'action commise,
l'accusation intentée, l'inculpé désigné et déjà
saisi; si, les choses étant à ce point, il survient
inopinément un acte de haute volonté et de toute-
puissance qui change la constitution de la cour,
qui retranche plusieurs de ses membres, qui la
réduise, par exemple, d'un quart ou d'un tiers,
qui renverse et confonde enfin les chances antérieures de condamnation et d'absolution : que
répondre à cet accusé, quand, le droit public de
son pays à la main, l'estime même qu'il a pour
ses juges l'encouragera à leur dire : Absolvez ou
ne jugez point; car le pouvoir de condamner,
qui vous a été remis, n'est efficace et légitime
que pour l'avenir?

La réponse aurait, je crois, des difficultés.
Mais que serait-ce si les choses s'étaient passées
de manière que l'accusé pût porter encore plus

loin ses reproches? que serait-ce si, non content
d'exclure une portion considérable de ses juges,
ceux qu'on aurait conservés avaient été mis dans
une position nouvelle et précaire? que serait-ce
si les exclusions avaient été faites par choix et
avec partialité; si les exclus avaient été pris un
à un, en vue de leurs affections et de leurs doctrines; si les suffrages ainsi rejetés, étaient no-
toirement et certainement défavorables à l'accusateur?

Qui ne sait ce que c'est que la récusation
péremptoire? Le droit criminel, qui ne l'admet
point à l'égard des juges, l'autorise cependant
envers les jurés. Il permet d'en récuser un assez
grand nombre, sans alléguer aucun motif de
récusation. Mais à qui le permet-il? A l'accusateur et à l'accusé, comme l'équité l'exigeait; et
même avec plus d'étendue encore à l'accusé qu'à
l'accusateur. Que penserait-on du législateur
qui, maintenant cette faculté singulière, en dé-
pouillerait l'accusé, et ne l'attribuerait qu'à
l'accusateur? quelle confiance auriez-vous en la
justice d'un pays où une telle loi serait reconnue?
y a-t-il quelqu'un disposé à croire à l'impar-

tialité d'un jugement fondé sur une loi partiale?
Eh bien! qu'on y réfléchisse, cette récusation
sans exemple, cette récusation contraire à toute
règle, à toute liberté, à toute justice, serait
pourtant en réalité, celle que l'on aurait exercée
contre l'accusé dont je parle, et sans son concours.

Certes, si le tribunal que j'ai en vue est en
même temps un corps judiciaire et un corps
politique, il serait téméraire de prétendre interdire à la politique les droits qu'elle peut avoir
sur une institution qui lui appartient. Les changemens qu'elle y aura faits auront été, si l'on
veut, opportuns et indispensables. Ce n'est
point de cela que je voudrais m'enquérir. Mais
la justice a d'autres règles que la politique.
Celles de la politique sont de nature changeante.
Celles de la justice sont d'autre et plus parfaite
nature : elles ne changent jamais. Or, c'est à la
fois une règle de justice et de liberté, qu'on ne
puisse pas donner à l'accusé d'autres juges que
ceux que lui assignait la loi vivante au temps du
délit. Il n'y a point de délit pour lequel cette
règle soit indifférente. Mais c'est surtout pour

les accusations politiques qu'on doit craindre de la violer; car il n'y en a point où il soit plus essentiel que la puissance publique n'influe pas sur les jugemens, et où elle soit plus intéressée elle-même à éviter qu'on le croie.

On objecterait à tort que ce tribunal, étant une institution mixte, ne peut manquer de changer pour la justice, en même temps qu'il change pour la politique. Cela est vrai en soi, je l'avoue; et il est vrai aussi que les changemens qu'il aura éprouvés dans sa constitution judiciaire ne fourniront, pour les accusations futures, aucun motif légitime de contradiction. Mais l'accusation que je suppose est une accusation antérieure, et la difficulté de concilier les droits de la justice et les intérêts de la politique ne suffit point pour autoriser à sacrifier ces droits à ces intérêts. La justice dira avec raison à la politique : Suspendez vos changemens, si vous voulez que l'on juge; ou si vos changemens vous importent au point que vous ne puissiez pas les suspendre, abdiquez une accusation qui n'a plus ses vrais juges. Laissez son juge légal au fait que vous voulez faire déclarer illégal. Vous, qui vous plaignez d'illégalité, écartez-en de vous le reproche. Mieux vaut mille fois une accusation non jugée qu'un jugement rendu au mépris des lois.

J'accorde tout ce qu'on voudra ; j'accorde que la sentence de ce tribunal sera exacte, judicieuse, éclairée. Il n'y manquera rien de ce que peuvent donner un sens droit, un esprit étendu, une bonne et ferme conscience. Il n'y manquera rien..... Je me trompe, il y manquera une grande chose : la plénitude de régularité nécessaire pour qu'elle obtienne, dans le présent et dans l'avenir, cet assentiment unanime qui impose à l'accusé même, et rassure le cœur de ceux qui l'ont condamné.

Mais laissons d'inutiles déguisemens. Chose inouie et digne de la plus sérieuse attention : le tribunal est compétent ; les juges ne le sont pas.

Le tribunal est compétent, et c'est même le seul qui le soit ; car le tribunal, c'est la cour des pairs, et il n'y a qu'elle qui puisse juger : la Charte le règle ainsi.

Mais chacun des juges n'a qu'une part relative de la compétence commune, et cette compétence ne prend vie que par l'assemblage complet des parts en quoi elle se divise. La compétence ne réside point en quelques juges, ni en plusieurs : elle réside dans la réunion des juges.

La part de ceux qui sont présens était fixée et bornée. Elle pouvait se réduire par des adjonctions (¹); elle ne pouvait s'accroître par des suppressions. Telle était la règle constitutive de ce tribunal. Ils l'apportent, cette part, telle qu'ils la possèdent; mais ils ne peuvent donner en même temps celle qu'ils n'ont pas. Ils ne peuvent voter pour eux et pour ceux qui ne votent plus.

C'est un tribunal compétent, mais incomplet.

Ce sont des juges à la compétence desquels il ne manque que la présence de ceux qui sont compétens comme eux, et sans le concours desquels ils ne peuvent pas procéder.

(¹) On comprend que je parle seulement ici du droit rigoureux. Selon les termes de la Charte, ce droit d'adjonction était absolu, et la couronne en pouvait user en tout temps. Mais selon la morale, la justice et la politique même, il est bien évident qu'elle ne le pouvait pas pendant le cours d'une accusation.

C'est un tribunal compétent, qui attend ses juges.

Ce sont des juges, qui attendent leurs pareils, pour achever d'être compétens.

CHAPITRE IV.

SUITE DU PRÉCÉDENT.

C'est une garantie fort considérable que le nombre des juges. Une garantie plus considérable et plus essentielle encore, est leur caractère.

Je suppose un juge inamovible au temps du délit : voilà une condition précieuse pour lui, plus précieuse pour la société, plus précieuse encore pour le prévenu. Car il n'est guère à craindre que celui-ci ait les moyens d'intimider le juge au point d'obtenir de lui qu'il viole ses devoirs au préjudice de la société, et il est bien

plus facile à la société ou à ceux qui la repré-
sentent d'imposer au juge au point d'obtenir de
lui des rigueurs irrégulières contre le prévenu.
C'est donc un droit inégal, mais pourtant commun, entre tous ceux qui doivent avoir une part
quelconque au jugement.

Imaginez maintenant que, le délit commis et
l'accusation imminente, tout cela soit changé
ou même détruit; que le juge inamovible cesse
de l'être; qu'il cesse de l'être par un acte indépendant de sa volonté et de celle du prévenu;
bien plus, qu'il cesse de l'être par le fait de l'accusateur : n'est-il pas vrai que ce sera une chose
si prodigieuse qu'on en chercherait vainement
un second exemple; que tous les principes du
droit public et de l'équité en seront confondus
et anéantis; que l'accusateur se sera assuré par là
un avantage contraire à la loi naturelle autant
qu'à la loi écrite; que l'accusé, dépouillé de sa
garantie, ne retrouvant plus dans le juge qu'on
lui assigne le caractère perpétuel qui lui avait
été imprimé, pourra dire avec raison à ce juge :
Faites de moi ce qu'il vous plaira, puisque vous
en avez la puissance; mais, quoi que vous fassiez,

vous ne m'aurez pas jugé; car juger est l'exercice d'un droit, et ce droit n'était en vous qu'en vertu d'un titre que vous n'avez plus?

Il n'y eut jamais de conviction plus profonde que celle dont je me sens pénétré. Non, aucun acte d'oppression ne serait comparable à celui d'un accusé contraint d'accepter un juge dont le caractère aurait été changé pour le jugement, et par son accusateur.

L'inamovibilité est le principe légal de l'indépendance, et l'indépendance est le principe naturel et légal du droit de juger. Quand la loi a dit : Je te donne un juge inamovible afin qu'il soit indépendant, quiconque vient ensuite et dit : Je te donne un juge amovible, au lieu du juge inamovible qui t'appartenait, dit par cela seul : Je te donne un juge dépendant. Or, pour celui à qui la loi a promis un juge indépendant, le juge dépendant n'est pas juge (1).

(1) Avant la Charte de 1830, les pairs étaient héréditaires, et, par conséquent, inamovibles.

Or, l'article 23 de cette Charte dit : « Le roi peut nommer les » pairs à vie ou les rendre héréditaires. » Et l'article 68 ajoute :

» L'article 23 sera soumis à un nouvel examen dans la session de
» 1831. »

Il est donc encore incertain, non seulement si les pairs seron
héréditaires, mais même s'ils seront à vie.

Ils sont donc actuellement amovibles.

CHAPITRE V.

DE LA RESPONSABILITÉ.

L'extrême besoin qu'ont les peuples que leur gouvernement soit stable a fait établir dans les monarchies le principe de l'inviolabilité du chef de l'État.

Les dangers de ce principe et les intérêts de la liberté ont fait établir, dans les monarchies parlementaires, un second principe, celui de la responsabilité ministérielle.

Dans celles-ci, le ministre répond au roi et au peuple; dans les premières, il ne répond qu'au roi seul.

L'amour de la justice, et l'expérience des violences parlementaires, ont empêché, dans quelques-uns de ces gouvernemens mixtes, de sous-
traire à l'exercice du droit de grâce les actes qui
donnent lieu à la responsabilité (1).

Ainsi, dans les états dont je parle, l'inviolabilité est restreinte par la responsabilité, et la
responsabilité par le droit de grâce. Grande et
louable combinaison ; car elle concilie deux
choses malheureusement assez dissemblables,
savoir : la justice et la politique.

Sans l'inviolabilité, le prince, dépourvu de
sécurité, serait nécessairement porté à en acquérir aux dépens de la liberté.

Sans la responsabilité, la liberté dépourvue
d'appui et de garantie, serait incessamment

---

(1) J'espère qu'on me fera la faveur de croire que je ne parle ici
du droit de grâce que fort indifféremment, et parce que c'est une
dépendance théorique de la question que j'examine.

L'exercice du droit de grâce suppose une condamnation régulière
et juste.

Une condamnation illégale et nulle l'exclut.

Il y a des gens à qui l'on ne fait point grâce.

Il y en a aussi qui ne l'accepteraient pas : je suis de ce nombre.

excitée à en acquérir aux dépens de la souveraineté.

Sans le droit de grâce, la responsabilité, dépourvue de règle et de limites, ne serait souvent dans les mains du peuple qu'un instrument de vengeance et d'oppression.

Otez la responsabilité, le prince inviolable
peut tout, même l'injustice et la tyrannie.

Otez l'inviolabilité, le prince, expression du
droit, quelle qu'en soit la source, reste soumis
à l'autorité de la force, qui est l'opposé du
droit. Il n'est, ni ne peut plus rien.

Otez le droit de grâce, le peuple aigri peut
tout à son tour, sinon à l'égard du prince, au
moins envers les ministres, organes et agens
du prince.

Ce sont donc trois choses unies et indivisi-
bles. Le prince est inviolable, parce que ses
ministres sont responsables ; les ministres sont
responsables, parce que le prince est inviolable. L'inviolabilité n'a plus d'inconvéniens, à
cause de la responsabilité ; la responsabilité
elle-même n'a plus que des périls légitimes, à
cause de l'inviolabilité et du droit de grâce.

Je rapproche ici l'inviolabilité et le droit de grâce ; on pourrait demander pourquoi ? C'est que l'intégrité et l'uniformité du droit de grâce dépendent à plusieurs égards de l'inviolabilité.

Les changemens de prince, amenés par la violation de ce principe, ne peuvent manquer de produire à leur tour d'autres changemens dans l'application du droit de grâce aux faits politiques ; et de plus, s'il y avait un prince qui ne fût pas, ou qui ne se crût pas inviolable, ce prince n'aurait pas assez de sécurité, pour user librement et équitablement du droit de grâce, dans les affaires qui intéressent le gouvernement de l'état.

L'inviolabilité est la garantie du droit de grâce, comme la responsabilité est la garantie de l'inviolabilité.

La responsabilité consiste à donner satisfaction pour autrui ; l'inviolabilité, à ne devoir aucune satisfaction pour soi-même. Le ministre qui est responsable, satisfait à la place du prince, qui ne l'est pas. Le prince, qui est inviolable et ne peut pas satisfaire, satisfait cependant par ses ministres, qui ne participent pas à son inviolabilité.

Supposez un prince qui ne soit pas inviolable, la responsabilité, c'est-à-dire le châtiment souffert pour le tort d'autrui, n'est plus qu'une garantie inutile, et par conséquent une iniquité. La responsabilité serait essentiellement contraire au principe d'une telle constitution d'état.

Supposez un prince, inviolable de droit, mais qui, dans le fait, eût cessé d'être inviolable, la conséquence serait pareille : ce prince ayant répondu pour lui-même, il serait souverainement absurde et injuste que d'autres fussent encore tenus de répondre et de satisfaire pour lui.

Le principe des constitutions qui admettent la responsabilité, est que le prince ne peut mal faire. Dans cet ordre de choses, quand le mal se fait, ce sont les ministres qui sont légalement censés l'avoir fait. Que ce soit souvent une fiction, on peut bien le croire. Que cette fiction blesse quelquefois l'équité, on ne saurait en disconvenir. Mais du moins, est-elle

conforme aux règles de la politique et de la logique. Si le mal est fait, et que le prince n'ait
pas pu le faire, la raison ne répugne point à ce
qu'on l'attribue aux ministres.

Mais s'il arrive qu'on supprime le motif de
la fiction, la fiction elle-même ne peut plus être
maintenue sans choquer au plus haut degré la
justice et le sens commun.

On n'aurait, dans ce cas, ni la vérité matérielle, ni la vérité supposée que lui substitue
la loi. On frapperait sans raison de fait et sans
prétexte légal. Il n'est pas besoin de dire quel
nom devrait être donné à une telle action.

Qu'on imagine un prince qui ait cessé de ne
pouvoir mal faire; bien plus, un prince de qui
on ait déclaré qu'il a mal fait; un prince qui ait
été jugé, condamné, frappé comme tel, que
pourra-t-on prétendre de plus? La raison hu-
maine conçoit-elle qu'on puisse encore satisfaire à la place de celui qui a déjà personnelle-
ment satisfait?

Quand on a déclaré que c'est le prince qui a
fait le mal, et que la conviction, sur ce point,
a été si grande qu'elle a porté ceux dans l'esprit

desquels elle a pénétré à détruire le principe fondamental de la constitution de l'État, il n'est plus en leur pouvoir de dire que ce n'est pas lui, et de feindre que ce soit un autre. La fiction légale ne tient lieu de la vérité qu'en l'absence de la vérité. Or, ce sont eux-mêmes qui ont mis violemment la vérité à la place de la fiction.

Qui détruit l'inviolabilité du prince, détruit en même temps la responsabilité des ministres. Qui se prévaut de la responsabilité des ministres, implique et suppose l'inviolabilité du prince. Si l'on veut que les ministres répondent, la conséquence est de rendre au prince tout ce qu'on lui a ôté en le rendant lui-même responsable. Si l'on entend maintenir la responsabilité que l'on a créée contre le prince, la conséquence est de ne plus invoquer celle des ministres, qui n'avait été établie que pour remplacer celle du prince.

On aurait choqué, pour frapper le prince, la lettre et l'esprit de la constitution de l'État. On choquerait une seconde fois l'esprit de cette constitution si l'on frappait les ministres, quand le prince a été frappé.

Sous un prince inviolable et dont l'inviolabilité serait religieusement respectée, la responsabilité sans le droit de grâce, serait encore
une institution défectueuse. J'en ai déjà laissé entrevoir la raison. C'est qu'il ne peut pas y avoir
de fiction absolue en fait de trahison et de mort.

A côté de la raison politique qui demande
que les ministres répondent, il y a une autre
raison politique, qui veut que la dignité de la
couronne ne soit pas dégradée; que la conscience
du prince puisse écarter d'elle de tristes regrets;
que le chef de l'État ne soit pas réduit à rester
spectateur impuissant d'un supplice infligé pour
des fautes dont il se peut qu'il ait eu en réalité
la plus grande part; et qu'enfin le gouvernement ait la faculté d'opposer quelque obstacle
aux ressentimens souvent excessifs des assem-
blées populaires.

Mais il faudrait aller bien plus loin, s'il se
présentait un cas singulier où l'inviolabilité
étant violée, et le droit de grâce détruit lui-
même ou changé de mains, on se proposât cependant d'invoquer encore le droit de responsabilité.

Ce droit, qui est, comme on l'a déjà vu, la garantie d'un droit supérieur, est garanti lui-même par un autre droit dont il ne peut pas être séparé.

Celui-ci est la véritable sauve-garde du ministre qui a consenti à le devenir. C'est le contre-poids des devoirs qui lui ont été imposés. C'est la condition qu'on lui a faite, et qu'il a connue. C'est un motif essentiel parmi les motifs de sa détermination. Il a consenti à être ministre, quoiqu'il dût être responsable ; mais il s'est soumis à devenir responsable, parce que le prince pour lequel il devait l'être avait le droit de lui faire grâce, et de mesurer le châtiment selon la faute. Cette responsabilité restreinte et modifiée, est sa seule responsabilité : nul n'a le pouvoir de lui en imposer une autre.

Révoquer le droit de grâce, ce serait révoquer la condition de l'engagement, et l'engagement s'évanouit, comme on sait, avec sa condition.

Déplacer le droit de grâce, c'est détruire encore la condition et l'engagement, par la raison simple et frappante, que le prince substitué à celui pour lequel le ministre avait consenti de

3.

répondre, n'a ni le même intérêt, ni les mêmes obligations, et qu'un grand nombre de faits décisifs peuvent lui être inconnus.

C'est donc une vérité manifeste que, sans l'inviolabilité et le droit de grâce, la responsabilité n'est un droit, ni un devoir pour qui que ce soit.

CHAPITRE VI.

SUITE DU PRÉCÉDENT. — OBJECTIONS.

On a proposé une objection. La Charte, a-t-on dit, ne déclare qu'une seule chose, savoir : que la personne du roi est inviolable et sacrée.

Or, a-t-on dit encore, la personne, c'est l'homme, c'est l'être physique et matériel.

L'inviolabilité de la personne ne s'entend donc que de l'inviolabilité matérielle.

Tant qu'on n'a pas frappé ou tué, quelque chose qu'on ait faite d'ailleurs, on n'a porté aucune atteinte au principe de l'inviolabilité.

Et alors, le prince n'a pas été constitué res-

ponsable, et les ministres peuvent régulièrement continuer de l'être.

Subtilité de légiste, et dont un légiste est en
effet l'inventeur.

La personne de l'homme, n'est point matérielle seulement. Elle est morale et matérielle.

C'est à peine si, dans l'état de nature, on
peut dire de l'homme, créature intelligente
encore, quoique d'une intelligence non déve-
loppée, que sa personne ne comprend que
l'être brut et matériel. A plus forte raison,
dans l'état de société.

Hommes de bon sens, doutez-vous que votre
honneur, votre réputation, votre liberté, votre
existence civile ne soient de votre personne?

Si cela n'était pas de votre personne, à qui
et où cela serait-il ?

Tout cela n'est que dans votre personne; si
bien que votre personne retranchée, il n'en
reste rien.

La personne du roi n'est ni seulement ce qui
le fait homme, ni seulement ce qui le fait roi.
C'est tout ce qui fait que l'homme est homme,
et que l'homme est roi : c'est l'homme-roi.

Qui dit la personne du roi, ne considère pas uniquement le roi comme homme; il considère à la fois le roi et l'homme; il considère principalement l'homme comme roi.

Est-ce en tant qu'homme, ou en tant que roi, que le roi a été déclaré inviolable?

C'est en tant que roi, n'est-il pas vrai? Qu'on explique donc, si cela se peut, comment, n'étant inviolable que parce qu'il est roi, il y aurait si peu de rapport entre l'effet et la cause; comment, inviolable parce qu'il est roi, non parce qu'il est homme, ce serait l'homme seulement qui serait inviolable, et non pas le roi!

Attaquer le roi comme homme, c'est violer sa personne; mais ce n'est que l'une des manières de la violer.

Attaquer l'homme comme roi, ce n'est pas violer la personne de l'homme, sans doute; mais c'est à coup sûr violer la personne du roi. Or, c'est de la personne du roi qu'il est question.

Maintenant donc, qu'a-t-on fait? On n'a ni tué, ni frappé, cela est vrai, et par conséquent il est vrai aussi que la personne de l'homme n'a pas été violée.

Mais on a détruit tout ce qui faisait de cet homme un roi. On l'a dépouillé de son pouvoir, de sa dignité, de son titre ; on l'a exclu de son royaume ; on l'a ôté à son peuple ; on lui a ôté à lui, même sa patrie. (¹)

La personne de l'homme reste encore ; mais la personne du roi est anéantie : qui peut dire que la personne du roi n'a pas été violée ?

Un roi déposé, dépossédé, dépouillé, et cependant respecté ! quelle dérision !

Quand on a dit que le roi était inviolable, on n'a certainement pas voulu dire qu'il ne pourrait pas être mis à mort par des assassins. Le Code pénal y avait pourvu.

(¹) Dans l'opinion que je combats, la déchéance et l'exclusion des emplois publics ne seraient pas une atteinte à la personne.

Eh bien! la dégradation civique n'est pas autre chose (art. 34 du Code pénal).

Dans la même opinion l'exclusion du territoire ne serait pas non plus une atteinte à la personne.

Eh bien! le bannissement n'est pas autre chose. (art. 32 du Code pénal).

Or, la dégradation civique et le bannissement sont des peines, et même des peines infamantes (art. 8, Code pénal).

Je voudrais bien qu'on prît le soin de m'expliquer comment il se pourrait qu'une peine infamante ne portât pas atteinte à la personne qui la subit.

On a voulu dire une autre chose, puisque celle-là était déjà dite. On a voulu dire qu'aucune sentence ne pourrait être portée contre sa personne de roi, ni pour qu'il mourût comme homme, ni pour qu'il mourût comme roi. On a voulu interdire les sentences de mort qui tuent le roi et l'homme, et les sentences de déposition qui laissent vivre l'homme et tuent le roi.

On a voulu garantir, dans l'intérêt des peuples, encore plus que dans celui des rois, la stabilité du titre de roi, laquelle n'est pas moins détruite par les sentences de déposition, que par les sentences de mort.

Si la disposition de la Charte ne signifiait pas cela, peu s'en faudrait qu'elle ne signifiât rien du tout.

Assurément, il est bien différent quant à la nature de l'action, de déposer un roi ou de le tuer : qui en doute ? Mais dans les principes de l'ancien droit public de la France (¹) et de la

(¹) Quand j'écrivais ceci, j'étais à Vincennes : Les *Études historiques* de M. de Châteaubriand n'avaient pas encore paru. Je les ai lues depuis, et j'y ai trouvé, « que le principe abstrait

Charte, je défie qui que ce soit de nier que ces deux actions ne fussent également réprouvées,

» de l'inviolabilité de la personne du souverain, appartient seule-
» ment à la monarchie constitutionnelle. »

Je ne crois pas cela tout à fait exact, et quoique personne n'ad-
mire plus sincèrement que moi le génie de ce grand écrivain, j'oserai cependant exposer mes doutes.

M. de Châteaubriand donne pour preuves de son opinion, le
plaidoyer de Jean Petit, le livre de Mariana, et le procès qui fut
entrepris contre Henri III.

Je ne puis me persuader que ce soient là de bons témoignages
des principes du droit public antérieur à l'établissement de la monarchie constitutionnelle.

Le plaidoyer du docteur Petit, qui prétendait prouver sa thèse,
« par douze raisons, en l'honneur des douze apôtres, » est un
document méprisable.

C'était une apologie, chose déjà suspecte, et une apologie de
l'assassinat, chose révoltante.

Elle était prescrite par le duc de Bourgogne, alors tout-puis-
sant, et qui exerçait à Paris la plus dure oppression.

Mais ce plaidoyer fut condamné par le concile de Constance,
par l'archevêque de Paris, par l'Université de Paris, par le parlement de Paris, et il fut enfin brûlé par la main du bourreau.

L'Université renouvela même sa condamnation, le 4 juin 1610.

Le livre de Mariana eut le même sort : il fut condamné par le
parlement de Paris, le 8 juin 1610.

Un livre semblable, de Suarez, fut condamné au même parlement, en 1614.

Un autre livre, celui de Santarel, fut condamné et brûlé, par

et que la personne du roi ne fût également à
l'abri de l'une et de l'autre. Son inviolabilité

arrêt du 13 mars 1626, et la Sorbonne le condamna, à son tour, le
1er et le 4 avril de la même année.

Je ne sais si je me trompe, mais il me semble que ces condamnations si nombreuses et si uniformes, sont plus propres à donner
une juste idée de l'ancien droit public de la France, que les
écrits qui les avaient provoquées.

Quand au procès de Henri III, j'avoue que je suis en doute
qu'on puisse accorder créance aux actes du parlement de Bussy-
le-Clerc.

La Ligue prétendait, il est vrai, que le duc de Guise était issu
de Charlemagne, et elle faisait faire à Henri III, son procès,
comme usurpateur de la couronne qui appartenait, suivant elle,
au duc de Guise.

Mais « les plus saines et meilleures parties du parlement »,
comme dit Pierre de l'Étoile, étaient à la Bastille. Harlay et
Séguier avaient été arrachés de leur siége. De Thou s'était sauvé à
grand' peine, déguisé en cordelier. Molé n'avait pris les fonctions
de procureur-général que pour obéir aux clameurs de la populace,
qui le menaçait de prison et de mort. Barnabé Brisson présidait;
mais après avoir protesté, par-devant notaire, « contre les délibé-
» rations dans lesquelles le peuple le forçait d'entrer. »

La Sorbonne aussi fit un décret contre Henri III. La Sorbonne,
c'est-à-dire, explique naïvement Pierre de l'Étoile, « huit ou dix
» soupiers ou marmitons, comme porte-enseignes et trompettes
» de la sédition. »

Tout cela ne peut guère servir à prouver qu'une seule chose,
savoir : qu'il n'est point de principe si bien établi, que l'esprit de
sédition n'entreprenne de le renverser. Mais qui est-ce qui en
doute ?

légale les excluait toutes deux. Toutes deux
étaient, à leur tour, exclusives de son inviolabilité.

Remarquez encore : la Charte n'a pas dit seulement ce qu'on lui attribue. Elle ne s'est pas
contentée de dire : La personne du roi est inviolable et sacrée. Elle a continué tout aussitôt dans
le même article, dans la même phrase, et a
ajouté, sans interposition et sans intervalle : Ses
ministres sont responsables.

Par où il est manifeste, ce dont personne d'ailleurs n'avait douté jusqu'ici, que ces deux choses
sont corrélatives et dépendantes l'une de l'autre;
que la première est la cause de la seconde, et
celle-ci, le correctif et le dédommagement de
celle qui précède; que la responsabilité ministérielle n'est établie qu'en vue de l'inviolabilité,
c'est-à-dire de la perpétuité, qui est l'attribut
de la royauté, et qu'ainsi, par le texte même
de la Charte, aussi bien que par son esprit, cette
perpétuité interrompue, l'unique motif de la
responsabilité ministérielle a disparu.

CHAPITRE VII.

SUITE DU PRÉCÉDENT. — DEUXIÈME OBJECTION.

Il y a une autre objection : Pourquoi la responsabilité du prince exclûrait-elle celle des
ministres ? Quelle raison s'oppose à ce que le
prince et les ministres répondent conjointement
du même acte ?

Voici la réponse : Dans les constitutions où le
prince est inviolable, et où ses ministres sont
responsables, il y a pour ceux-ci deux sortes de
responsabilité, la responsabilité du fait du
prince, la responsabilité de leur propre fait. Ils
répondent, par le droit commun, des actes qu'ils

font sans l'intervention du prince ; ils répondent, par le droit politique, des actes du prince auxquels ils ont consenti.

Il est hors de doute que l'inviolabilité n'importe en aucune façon à la première responsabilité. Le prince, inviolable ou non, ne peut répondre du fait personnel de son ministre. Le prince, inviolable ou non, son ministre ne peut éviter de répondre de son fait personnel.

Il en est autrement pour le fait du prince. Il y a une règle de droit public qui dispense de toute peine le fonctionnaire inférieur qui a agi par l'ordre de son supérieur. C'est même en France une règle de droit criminel (Cod. pén., art. 190).

La responsabilité des ministres pour le fait du prince est la seule exception de cette sage maxime. L'exception, je l'avoue, est sage elle-même ; mais pourquoi ? uniquement à cause de l'inviolabilité qui préserve le prince, et parce qu'il est bon qu'il y ait toujours une tête sur laquelle puisse retomber la responsabilité d'un fait criminel.

Mais l'inviolabilité supprimée, le prince devient responsable. C'est même le seul motif que l'on puisse avoir de supprimer l'inviolabilité.

Il y a donc alors pour le ministre un supérieur qui répond. La cause de l'exception n'existe donc plus. L'exception ne peut pas survivre à sa cause. La règle revient si l'exception disparaît, et la règle est, comme je l'ai déjà dit, que l'inférieur n'est pas responsable.

CHAPITRE VIII.

DE LA TRAHISON.

La Charte contenait des dispositions dont il
ne faut pas oublier les termes : « Les ministres
» ne peuvent être accusés que pour fait de con-
» cussion et de trahison. Des lois particulières,
» ajoutait-elle, spécifieront cette nature de dé-
» lits, et en détermineront la poursuite. »

De ces deux dispositions si positives et si importantes, je n'en veux prendre en ce moment
qu'une seule. Je tiens la seconde pour omise,
ou si on l'aime mieux, pour exécutée. J'accorde,
pour peu qu'on l'exige, que la loi qui n'existe

pas, a cependant été faite ; que les définitions dont on est privé ont été données ; que les formes d'accusation, qui ne sont nulle part, ont été prescrites. J'accorde que toutes ces garanties promises à l'accusé, et dont il n'a pas une seule, sont cependant sous sa main. Peut-être reviendrai-je plus tard sur cette concession singulière, que je fais néanmoins sans inconvénient, comme sans regret.

Les ministres ne peuvent donc être accusés que pour fait de trahison et de concussion. Mais on sait assez que ce n'est pas de concussion qu'il s'agit, et que le seul texte de l'accusation est la trahison. Qu'est-ce donc que la trahison ?

Si la loi dont parle la Charte était faite, il serait impossible qu'elle ne consacrât pas une distinction que la nature des choses suggère elle-même, et sans laquelle toute définition de ce crime serait essentiellement incomplète. Comme la trahison consiste à attaquer ou à abandonner à mauvais dessein les intérêts dont on a accepté la défense, les ministres étant chargés à la fois de défendre le gouvernement et l'État, il peut y avoir évidemment, quant à eux, deux

4

principales sortes de trahison. Ils peuvent trahir
le gouvernement, c'est-à-dire entreprendre d'en
changer la nature, ou même les formes : comme,
par exemple, s'ils se proposaient de substituer
l'oligarchie à la république, ou la monarchie
mixte à la monarchie absolue. Ils peuvent trahir
l'État, c'est-à-dire entreprendre de l'affaiblir
ou de le détruire : comme, par exemple, s'ils se
proposaient de susciter des guerres civiles, ou
de livrer à l'ennemi ses trésors, ses places de
guerre, ses flottes, ses armées, ses provinces.

Ces deux trahisons ont des règles diverses,
parce que leurs résultats peuvent être eux-
mêmes fort différens. L'esprit, en effet, résiste
à l'idée que l'État puisse être tellement dissous
et anéanti, qu'il n'en survive aucune partie pour
demander compte des trahisons qu'il a éprou-
vées. Un esprit français surtout n'admettra jamais qu'une telle supposition puisse se réaliser
pour la France.

Et il suit de là qu'aucun événement ne peut
survenir qui fasse cesser le droit d'accuser un
ministre, s'il s'est rendu coupable de cette sorte
de trahison que j'ai appelée trahison contre l'État.

Mais la justice et la raison sont d'accord pour qu'on tienne un autre langage quand il s'agit de trahison envers les gouvernemens. Nos pères ont vu des temps où cette différence aurait été mal comprise. Le gouvernement alors se confondait dans l'État, et n'était pas réputé moins stable que lui. Pour nous, témoins malheureux de tant de changemens et de catastrophes, de funestes vérités nous ont été révélées, et nos opinions ont pris malgré nous un cours différent. Nous l'avons appris, nous l'avons bien appris que les gouvernemens ont une vie qui leur est propre, et qui doit être considérée à part de celle de l'État.

Si donc les gouvernemens sont trahis, il arrive nécessairement l'une de ces deux choses : ou que la trahison survit au gouvernement, où que c'est au contraire le gouvernement qui survit à la trahison. Si le gouvernement survit, nul obstacle ; son droit, son devoir et son intérêt, tout l'autorise et l'excite à punir les torts qu'on lui a faits, à venger la foi qu'on lui avait promise et qu'on a violée. Mais s'il succombe au contraire, si la providence a permis qu'il fût renversé, changé, remplacé, qui pourra poursuivre et se plaindre ? Où sera celui qui se portera le champion d'une autorité qui n'existe plus ? En qui trouverai-je l'intérêt qui est l'unique source de ce droit ? En qui plutôt ne trouverai-je pas un intérêt opposé ?

L'accusation de trahison est une action publique, qui ne peut pas être intentée par de simples sujets. Elle est dévolue au gouvernement de l'État, ou à de certains corps qui en font partie. Or, quand un premier gouvernement a été détruit, et qu'un nouveau gouvernement occupe sa place, quelle sera l'autorité chargée de l'action publique, qui ne prenne sa force et son origine dans le gouvernement élevé sur les ruines du gouvernement détruit ? Le langage de cette autorité sera donc alors celui-ci : J'accuse ceux qui ont attaqué ce que j'ai aboli ; j'accuse ceux qui ont commencé la chûte que j'ai achevée ; j'accuse ceux qui ont ébranlé le pouvoir auquel je succède ; j'accuse moi qui ai consommé cette œuvre et qui en profite, j'accuse ceux qui ne l'ont qu'ébauchée, et qui n'en recueillent que des regrets.

Que vous semble d'un tel langage et d'une telle logique ! Si les changemens ont été favorables, pourquoi en maudire la cause et l'occasion ? Si les changemens ont été funestes, pourquoi les maintenir et y prendre part ? Les siècles passés, non plus que le nôtre, n'ont jamais rien vu d'aussi monstrueux. Jamais institution condamnée par la politique n'avait vu ses injures vengées par ceux qui la condamnaient. Le parlement de Murray n'accusa point les faux serviteurs de Marie ; les communes de Guillaume ne poursuivirent point Churchill pour avoir manqué de foi à son bienfaiteur.

J'oserai donc proposer comme une maxime à la fois simple et élevée, de raison supérieure et de sens commun, qu'après l'établissement d'un gouvernement nouveau, nul n'a plus le droit d'accuser ceux qui auraient antérieurement entrepris de changer quelques-unes des formes du gouvernement déchu. L'exercice de ce droit serait plein de dangers, d'injustice et d'inconséquence. Ce serait agir contre soi-même, et chaque mot d'accusation ou de blâme retournerait à celui qui le voudrait prononcer.

Appliquez maintenant cette théorie. De quelle trahison s'agit-il? Avait-on préparé des guerres civiles? On a bien essayé de le dire; mais l'évidence du fait a bientôt fait abandonner cette fable absurde. A-t-on livré à un ennemi étranger quelque portion de la fortune de l'État ou de sa puissance? Personne, que je sache, ne l'a supposé. Tout consiste donc en ceci : qu'on a porté atteinte à la Charte, qu'on a altéré des droits qu'elle avait conférés, qu'on a modifié une organisation qu'elle consacrait. Admettez ces reproches; qu'en conclurez-vous? Que la trahison alléguée, si elle existait, était dirigée contre le gouvernement aboli, ou plutôt contre une faible partie des formes de sa constitution.

Et cependant, où est-il ce gouvernement attaqué? Où est-elle cette constitution violée et trahie? Dans quel temps et devant qui l'accusation est-elle portée? Qui se propose-t-on de venger, et où retrouvera-t-on l'offensé pour lui faire recueillir les fruits de cette vengeance? Tout a disparu. Ce qui était alors a cessé; ce qui est aujourd'hui ne vit que d'une vie nouvelle, et

ses droits sont réglés par un contrat différent.
Qui est-ce donc qui accuse, et au nom de qui ?
L'accusation en faveur du passé est un droit
qui n'appartenait qu'à lui seul. Le présent, ré-
formateur du passé, n'hérite point d'un pouvoir qui s'exercerait contre lui , s'il ne l'avait
pas lui-même effacé.

CHAPITRE IX.

SUITE DU PRÉCÉDENT.

COMME une partie des considérations qui précèdent est fondée sur la supposition qu'on a changé la constitution de l'État, il importe d'examiner et de confirmer cette supposition.

Cela est d'autant plus essentiel, que des personnes d'un esprit fort judicieux, qui ont pressenti les conséquences de ce fait si considérable, ont entrepris de les détourner en disputant sur les changemens, et en propageant l'opinion que la chose était encore semblable et même identique, sous le prétexte qu'elle avait été seulement

améliorée. Je ne conteste point sur l'amélioration ;
je ne m'occupe que du changement.

Charte, gouvernement et constitution sont trois
choses qu'il faut savoir distinguer. Un peuple
peut avoir, ou n'avoir pas de Charte ; il ne peut
pas ne pas avoir de gouvernement, ni même
de constitution. Le gouvernement proprement
dit peut n'être pas dans la Charte, et il y en a
eu des exemples. Le gouvernement est toujours
dans la constitution. Il se peut que la Charte ne
contienne qu'une partie, et même une faible
partie de la constitution. La même chose ne saurait
arriver pour la constitution, qui, écrite ou non,
comprend naturellement tout ce qui fait que
l'État existe, et est organisé comme État.

Il pourrait donc arriver qu'on eût une constitution différente, avec une Charte seulement
modifiée. Il en pourrait arriver autant, même
avec une Charte entièrement conservée. Cela dé-
pendrait, dans le premier cas, des objets sur lesquels porteraient les modifications ; et, dans le
second, des objets qui seraient compris dans la
Charte.

Une constitution ne se compose pas de déno-

minations et de formes. On peut fort bien, ayant
eu une république ou un roi, conserver encore
une république ou un roi, et n'avoir plus la
même constitution. Il y eut une république à
Rome, et une république à Athènes. Cléomènes
et Xercès eurent tous deux le titre de roi.

Les constitutions se composent principalement
de pouvoirs, et les pouvoirs eux-mêmes, de prérogatives.

Pour les pouvoirs, il faut considérer sur quoi
ils s'exercent, dans quel mode, et dans quelles
bornes. Et comme ils peuvent plus ou moins,
selon qu'ils sont supérieurs ou subordonnés, et
que leur indépendance ou leur dépendance tient
singulièrement à leur origine et à leur principe,
rien n'est plus essentiel que de considérer ce principe et cette origine.

Dans la constitution fondée par Louis XVIII,
la souveraineté était reconnue pour préexistante.
C'était un droit personnel, et un héritage de famille. Le roi, en qui elle résidait, ne la tenait
pas du peuple, mais de sa naissance.

Dans la constitution actuelle, la souveraineté
se partage. Une partie, qui a été remise au prince,

est subséquente et attribuée. Elle n'a pas précédé la constitution ; elle l'a suivie, et ne résulte que d'elle. Le prince ne la puise pas dans son droit, mais dans la force populaire ; il ne règne pas par droit de naissance, mais, au contraire, contre ce droit.

La seconde partie, qui est l'origine de l'autre, appartient au peuple. Partout où le peuple fait les rois, il est souverain. Il l'est plus que les rois, et avant les rois.

Dans la constitution antérieure, le roi avait seul l'initiative des lois. Il n'était pas réduit à refuser sa sanction aux lois dangereuses, chose qui est elle-même dangereuse, et quelquefois impossible. Il ne les proposait pas, cela suffisait.

Aujourd'hui, c'est tout autre chose. L'initiative se partage, et le roi n'a conservé pleinement que la sanction : différence prodigieuse, et dont il serait difficile de calculer les effets, principalement dans un pays où l'aristocratie existe à peine, et où la démocratie exerce la prééminence.

Autrefois la pairie était transmissible et héréditaire. Elle avait acquis par là une grande stabilité et une influence réelle. C'était un contrepoids véritable dans la constitution de l'État.

Maintenant, le contrepoids est détruit. La pairie a bien quelque perspective d'être héréditaire, mais il est au moins incertain si elle le sera, et il est actuellement certain qu'elle ne l'est pas.

Sous l'ancienne constitution, il y avait une religion de l'État. Sous la nouvelle, il n'y en a point. L'État n'a plus de religion à lui : la religion n'est considérée que dans ses rapports avec chacun de ceux qui sont dans l'État.

La première Charte avait été accordée librement et spontanément : c'était un bienfait, un don, un octroi. La seconde a été imposée, ou, si on l'aime mieux, convenue. L'une était venue du prince au peuple; l'autre est venue du peuple au prince. Celle-là était le titre de la liberté, celle-ci est le titre et la condition de la royauté. Concession du prince, signe d'un droit supérieur; acceptation, signe d'un droit différent et inférieur.

La nature, le principe et la force relative des principaux pouvoirs ont changé.

Je ne pousserai pas plus loin ce parallèle. Je

ne veux pas descendre aux choses de détail, ni m'appuyer sur des preuves qu'on ait mises en doute. C'est pourquoi je ne parle point de la faculté que Louis XVIII s'était réservée, de pourvoir, de sa pleine autorité, à la sûreté de l'État. Ce que j'ai dit doit suffire, et ne saurait être disputé.

On n'a pas dit du gouvernement de Louis XVIII que ce fût la plus parfaite des monarchies; mais personne n'a nié que ce ne fût une monarchie.

On a dit, au contraire, et avec un grand bruit d'acclamations, que le gouvernement actuel était la meilleure des républiques. Serait-ce en effet une république? En tout cas, on ne peut nier que ce ne soit un gouvernement différent du gouvernement antérieur.

Ce n'est pas seulement le gouvernement qui a changé; c'est aussi la constitution. Et pour la justification de ce que j'ai avancé, il suffisait du changement de gouvernement.

CHAPITRE X.

DE LA LOI DE TRAHISON.

On l'a déjà vu : c'est une chose évidente et incontestable, que le droit d'accuser existe encore moins que celui de juger. Supposons cependant qu'ils existent; alors, sur quoi juger, de quoi accuser?

Quand je me résous à des concessions si graves, et si peu conformes au droit public de la France, je ne puis m'abstenir de rétracter en échange, une autre concession tout aussi gratuite, que la surabondance des preuves m'a induit à faire dans une autre partie de cet écrit. La loi de trahison n'est pas faite, et c'est ici qu'il convient de déduire les conséquences de cette importante vérité.

Deux points dignes d'attention dans l'art. 56 de la Charte, sont, premièrement, que les ministres qu'on veut accuser, ne peuvent l'être que de trahison et de concussion; secondement, que des lois particulières, qui n'ont jamais été publiées, devaient spécifier cette nature de délits et en déterminer la poursuite.

Voilà donc que le droit d'accuser, et par conséquent celui de juger, sont étroitement circonscrits. L'accusation et le jugement sont contraints de se renfermer dans la trahison. C'est là le champ ingrat et borné, sur lequel il leur est enjoint de s'arrêter et de s'établir. Leur prérogative ne va point au-delà. *Ils ne peuvent*, a dit le législateur. Cette limite passée, ils sont sans pouvoir.

Mais le législateur a dit encore autre chose. Il a inscrit deux principes féconds de justice et de liberté, au frontispice même de ses lois pénales. Par le premier, il a établi à quel signe on pourrait reconnaître les actions qui constituent les

crimes ; et ce signe n'est ni une dénomination in-
certaine, ni même un fait défini : ce signe fatal
est la peine. C'est par la peine qu'on distingue
en France les actions coupables (¹). Où la loi
applique une peine , il y a crime ; où elle n'en
applique pas , quelle que soit l'action , il n'y a
rien.

Par le second principe , il est établi que nul
crime ne peut être puni de peines qui n'étaient
pas prononcées par la loi avant qu'il ne fût
commis (²). La proclamation de la peine doit
donc précéder le crime, et pour qu'il soit crime,
et pour qu'il puisse être puni.

Or maintenant, qu'on daigne s'en ressouvenir :
à côté de la prohibition d'accuser pour tout autre
fait que ceux de trahison et de concussion , est la
promesse non exécutée d'une loi future qui devait spécifier le crime et en déterminer la poursuite. La loi est promise , promise pour spécifier
le délit : qu'est-ce à dire, hommes d'équité et de
bonne foi , si ce n'est que le délit n'était pas
spécifié dans ce temps, et que la loi nécessaire

(¹) Article 1 du Code pénal.
(²) Article 4 du Code pénal.

n'existait encore nulle part? La loi qui manquait alors, n'a pas été faite depuis cette époque : qu'est-ce à dire, hommes de conscience et de vérité, si ce n'est que cette loi qui n'existait pas au temps de la Charte, n'existe pas plus aujourd'hui? Vous êtes donc sans loi, vous qui accusez ; et vous aussi qui jugez, vous êtes sans loi. Vous êtes sans loi, excepté toutefois celle qui enseigne que la peine seule indique le crime, et que la loi seule établit la peine. Vous êtes sans loi, excepté celle qui vous interdit d'accuser et de condamner.

Je sais bien tout ce qu'on a dit ; que la loi avait été annoncée ; qu'elle avait été annoncée par la Charte ; que cette promesse constitutionnelle n'avait pas été accomplie ; que la faute en devait être attribuée aux ministres ; que les ministres ne pouvaient pas trouver une sauve-garde dans leur négligence.

Quand le reproche serait vrai, la conséquence n'en serait pas moins abusive. Le principe qu'on ne peut accuser sans loi, est inflexible et universel. Dans quel temps et dans quel pays lui a-t-on donné des exceptions? On rougirait à l'en-

tendre, et je rougirais à le dire. Est-ce qu'il peut
y avoir des causes quelconques d'omission ou
d'absence qui réalisent ce rare prodige, que la loi
absente ne soit pas absente, que la loi non écrite
soit écrite, que la loi qui n'est pas loi soit cependant
loi ? Supposez le crime, la définition du crime, la
peine du crime, et fondez ensuite sur ces trois
suppositions des réalités de jugemens et de châtimens, y a-t-il, dans la raison de l'homme de
bien, des argumens et des déductions pour légi-
timer de telles formes et de tels procédés de justice ? Parce que des ministres auraient commis
une moindre faute, les plus grandes fautes se-
raient-elles permises contre eux ; et parce qu'ils
n'auraient pas usé d'une faculté qu'ils avaient,
se croirait-on excusable d'user d'un droit qu'on
n'a pas ?

Mais le fait, d'ailleurs, n'est point véritable.
A qui, premièrement, se propose-t-on de l'attribuer ? Aux ministres antérieurs ? Les minis-
tères se succèdent, à ce qu'il me semble, et ne
sont point solidaires. Au ministère du 8 août ?
Il n'a pas eu de session. Au ministère du 18
mai ? Il a eu soixante-dix jours ! Bien plus, cette

loi dont on s'est armé tour à tour, tantôt comme
si elle existait, tantôt, chose plus étrange, parce
qu'elle n'existe pas, cette loi a été deux fois pro-
posée aux chambres par des ministres du roi ([1]).
Bien plus encore, si les ministres avaient le droit
de la faire, les chambres avaient aussi le droit
constitutionnel de la demander. Ont-elles usé de
ce droit ? Oui, certes, de la même manière et
dans le même temps que les ministres du roi.
Ceux-ci ont agi, quand elles ont agi; ils ne se
sont arrêtés, que lorsqu'elles se sont arrêtées.
Tellement qu'on peut dire, ce qui est d'ailleurs
une vérité bien connue, qu'ils n'ont fait, en
abandonnant leur dessein, que déférer à l'opinion qui s'était établie dans les chambres, sur
les difficultés et sur les périls de la loi. Ils ont
sacrifié, je le dirai sans crainte d'être démenti,
ils ont sacrifié aux inquiétudes des chambres,
qui trouvaient alors plus de garantie dans une
menace plus vague et plus générale, que dans
des définitions plus précises, mais par cela même
plus restreintes et plus faciles à éluder ou à détourner.

([1]) En 1817 et en 1819.

5.

Quoi qu'il en soit, cependant, si l'on veut qu'il y ait eu négligence, il n'est guère possible de nier qu'elle n'ait été partagée. Si les ministres avaient un devoir qu'ils n'ont pas rempli, les chambres avaient un devoir semblable qu'elles n'ont pas exercé. Or, sur cela, je demande comment on entend que la même négligence puisse avoir à la fois des résultats si contraires, que plusieurs de ses auteurs en restent coupables, et que les autres, bien loin d'en être coupables, puissent l'imputer à crime aux premiers; qu'en dépit d'elle, les accusateurs qui l'ont commise, n'y perdent rien du droit d'accuser, et que les accusés, qui ne l'ont pas commise d'une autre manière qu'eux, y perdent le droit d'employer à leur défense une loi formelle qui les protége et les justifie? Il n'en va pas ainsi en droite justice. La faute n'est à personne, ou à tout le monde; ou plutôt, comme elle est à tout le monde, elle n'est en effet à personne; et la seule chose qui reste est que l'absence de la loi omise est un fait dont chacun a droit de prendre avantage.

Je sens que je devrais m'arrêter ici; car est-il

rien de plus impérieux et de plus décisif que ces mots : il n'y a pas de loi? Il semble qu'après eux toute discussion juridique doive être finie. Cependant, si je m'arrêtais au point où je suis, d'importantes questions resteraient à l'écart, que je ne puis me résoudre à abandonner. Je poursuivrai donc.

CHAPITRE XI.

DES ORDONNANCES.

Le moment est venu de s'expliquer sur la question des ordonnances. Grande et importante question. Celle-là du moins a un fondement réel et connu : je ne veux, ni ne dois omettre de l'examiner.

Mais, dès l'abord, une difficulté fort étrange s'offre à mon esprit. A quoi bon raisonner sur ces ordonnances, si la loi de trahison n'est pas faite, et si elles ne peuvent servir cependant qu'à justifier une accusation de trahison ? A quoi bon, si elles ne peuvent constituer qu'une attaque contre les formes du gouvernement détruit, et s'il est vrai, comme je l'ai fait voir plus haut, qu'un gouvernement qui a pris la place d'un autre, n'a pas le droit de venger les offenses faites à ce dernier? Me voilà donc, à mon grand regret, forcé de revenir aux concessions et aux hypothèses. Afin de disputer sur les ordonnances, la chose est inévitable, il faut, pour la seconde fois, supposer que la loi de trahison a été portée; il faut de plus que j'oublie tout ce qui a été déjà dit sur les gouvernemens renversés, et sur les droits de leurs successeurs. Singulière discussion, dans laquelle je suis à chaque instant obligé de prêter des armes à l'opinion opposée, et où je ne puis trouver de champ pour la combattre, qu'en lui accordant tour à tour tout ce dont j'ai prouvé antérieurement l'inexactitude et la fausseté.

Résignons-nous donc, et supposons tout ce qui est nécessaire. Ainsi, voilà la loi faite, et l'accusateur investi du droit dont je l'avais dépouillé. L'accusation de trahison ne sera plus impossible, et les ordonnances, si leur nature s'y prête, pourront entrer dans cette accusation.

Mais leur nature s'y prête-t-elle en effet? C'est
ce qui reste à examiner.

On sent bien qu'il ne s'agit pas de dire qu'elles
fussent bonnes. Quelque opinion qu'on en eût,
l'événement en a décidé. Elles ont été désas-
treuses; qui le sait et le déplore plus amèrement
que moi? Mais le malheur, fût-il produit par
de grandes fautes, n'est jamais autre chose que
le malheur. La distance est grande, du malheur
au crime, et la différence infinie entre l'usage
imprudent d'un droit qu'on possède, et l'usage,
inhabile ou non, d'un droit qu'on n'a pas. User
imprudemment de son droit, c'est témérité quand
on réussit; c'est faute ou malheur lorsque l'on
échoue. User imprudemment d'un droit envahi,
c'est crime et fortune en cas de succès; c'est
malheur et crime en cas de disgrâce.

Tout consiste donc à savoir quel était le droit.
Et la chose est doublement vraie; car, d'une part,
l'usage d'un droit ne peut constituer un crime,
puisque le crime n'est tel que par l'infraction du
droit; d'autre part, le crime qu'il s'agit de prouver, c'est la trahison; la trahison qu'il s'agit de
trouver, c'est la violation de la Charte : or, com-

ment aurait-on violé la Charte, en usant par exemple, d'une faculté dont elle aurait autorisé l'exercice?

La Charte, on l'a assez dit, permettait au roi de faire les réglemens et ordonnances nécessaires *pour l'exécution des lois* et *pour la sûreté de l'État*. L'exécution des lois et la sûreté de l'État! ces mots demandent d'être médités. Ce n'est pas sans motif qu'on les a écrits ; ce n'est pas sans en avoir connu la signification et la force. Ceux qui les ont introduits dans la Charte savaient bien qu'ils exprimaient deux choses, entre lesquelles il y avait encore plus de différence que d'ana-logie.

Si les premiers mots leur avaient suffi, ils n'au-raient pas ajouté les seconds. Or, il est de toute évidence que s'ils avaient entendu qu'on ne dût pourvoir dans aucun cas, à la *sûreté de l'État*, que par l'*exécution des lois*, ces derniers mots suffisaient. A quoi bon s'expliquer sur un cas spé-cial d'*exécution des lois*, après avoir statué par une disposition générale sur tous les cas, quels qu'ils fussent? Concevrait-on qu'un législateur eût parlé ainsi : Vous exécuterez les lois, et, de

plus, s'il s'agit de sauver l'État, vous exécuterez
encore les lois ?

Il faut, il faut d'une nécessité que j'oserai dire
palpable, ou reconnaître que le pouvoir d'aviser
à la sûreté de l'État, était indépendant de celui
de faire exécuter les lois, ou pousser l'oubli des
règles admises en législation au point de prétendre
qu'une disposition positive, qui a un objet connu,
un sens évident, une application naturelle et
considérable, ne signifie cependant rien par soi-
même, et se confond, comme si elle n'existait
pas, avec la disposition précédente à laquelle elle
n'ajoute absolument rien.

Les légistes, les publicistes, les gens de bon
sens, savent bien qu'une telle prétention est in-
tolérable. Quand la loi est claire, il ne reste qu'à
l'exécuter ; et même quand elle est obscure, le
droit d'interprétation ne va qu'à préférer un sens
à un autre ; il ne va point à ne lui donner aucun
sens. L'interprète de la loi ne la tue point ; il
l'explique et la vivifie. *Quotiès oratio ambigua*
est, commodissimum est id accipi, quo res de quà
agitur in tuto sit. Toutes les fois que la loi pré-
sente une double signification, on doit adopter

celle qui en assure l'effet et l'autorité. C'est la loi qui prononce ainsi sur elle-même; ce sont les Romains qui nous ont transmis cette décision.

Quels sont d'ailleurs les vrais interprètes des lois? ce sont d'abord les exemples; ce sont ensuite les opinions des personnages graves, exprimées dans les temps voisins de la publication de ces lois. Qu'on soumette donc à cette double épreuve les dispositions de la Charte : on verra que, dès les premiers jours de la restauration, les hommes les plus éclairés, les plus respectés, les moins prévenus, ont expliqué cette disposition comme je le fais. Le *Moniteur* en a recueilli les preuves. On verra, de plus, qu'en 1814, en 1815, en 1816, le fondateur même de la Charte a exercé sans contestation le droit que je suppose, tantôt sur la presse, tantôt sur les ennemis de sa couronne, tantôt, et en des sens opposés, sur les élections. Cependant, on n'a pas ouï dire que les ministres qui ont mis leurs noms à ces ordonnances, aient été menacés de mort et poursuivis comme traîtres. On s'est soumis, au contraire; on a plus fait, on a applaudi. Les uns ont trouvé justes les ordon-

nances de 1815; les autres ont trouvé salutaires
les ordonnances de 1816. L'assentiment est venu
de partout, et a été donné successivement par
tous les partis. Les mesures étaient diverses,
sans doute, et leurs effets ne pouvaient manquer
d'être différens. Mais la source en était semblable, le droit de les prescrire était uniforme,
et quiconque a approuvé les mesures, a nécessairement reconnu le droit.

Que diront à cela les accusateurs? que les circonstances étaient différentes! Eh! qui en doute?
qui doute qu'à quatorze années de distance,
les circonstances politiques, quoique également
graves peut-être, soient difficilement pareilles
dans leur apparence? Mais que fait au droit la
différence des temps? Qu'elle importe à l'usage
du droit, je l'accorde; qu'elle influe sur l'oppor-
tunité de cet usage, je le reconnais. On jugera
fort bien avec elle, s'il était sage et utile d'exercer
le droit au moment où on a voulu l'exercer. Mais
le droit en soi, le droit pris indépendamment de
son application et de son usage, la différence
des temps ne peut rien sur lui. Il est, ou il
n'est pas, quels que soient les temps. Or, on n'a

pas oublié qu'il n'est question que de l'existence du droit.

Une dernière preuve vient à ma mémoire, qui s'est probablement déjà offerte à celle de tous mes lecteurs. L'ancienne Charte a été réformée ; l'article qui renfermait les deux dispositions a été refait : de quelle manière? en retranchant l'une d'elles. Laquelle a-t-on retranchée? la dernière, celle dont j'argumente, celle qui renfermait le droit que j'ai établi. Or, pourquoi l'a-t-on retranchée? Que les adversaires répondent ; je m'en rapporte à leur bonne foi. Qu'ils disent si elle a été supprimée comme inutile et inefficace ; ou si elle ne l'a pas été bien plutôt à cause de l'évidente signification qui lui appartient, et de ses effets à venir qu'on a voulu détourner ? Pour peu qu'ils hésitent, la conscience publique répondra pour eux.

Je conclus donc, car je crois sincèrement en avoir le droit, que le pouvoir qu'on a exercé était certain, reconnu, littéralement écrit dans la Charte. Je conclus que la Charte permettait au prince, outre et par-delà l'exécution de la loi, de pourvoir, par des actes passagers et spéciaux, à la sûreté de l'État. Si ce pouvoir était nécessaire, je laisse à l'histoire le soin de le dire; s'il était dangereux, le moment serait mal choisi pour contester cette vérité. Mais ce n'est pas de cela, c'est de la réalité du pouvoir qu'il est question. Cette réalité étant donc prouvée, que s'ensuit-il? Qu'il est contre toute raison de prétendre qu'on a porté atteinte à la Charte proprement dite, en faisant usage de ce pouvoir; que c'est de par la Charte qu'on en a usé, puisque c'est elle qui le conférait; qu'enfin, et c'est ici le point essentiel, on ne peut pas dire qu'il y ait trahison contre le gouvernement institué par la Charte, dans des ordonnances qui n'ont été faites qu'en vertu du droit qu'elle avait fondé.

Là finit la question criminelle; mais la question politique pénètre plus loin. Si les formes de la Charte ont été observées, le juge n'a plus rien à dire. L'homme d'état lui seul peut être plus exigeant. C'est beaucoup de n'avoir usé que de son droit, puisque cela suffit pour exclure le crime. Mais pourquoi en avoir usé? pourquoi si tôt? pourquoi dans ce temps? Je sais tout ce qu'on peut dire dans cette opinion, et j'ai fait assez voir ailleurs que je le savais. Je sais aussi ce qu'on peut répondre à ces questions, et quand tout le monde le voit et l'entend, moi seul, qui ai tant besoin de le dire, je suis contraint de le supprimer. On s'est donc trompé, je l'avoue; hélas, il n'est que trop vrai! On se sera trompé sur le but, sur les moyens, même sur les causes. Les craintes qu'on éprouvait n'étaient pas fondées; les périls qu'on prévoyait n'étaient pas réels. On était libre et puissant; on n'avait que des amis et point d'adversaires. Que veut-on de plus? Est-ce assez accorder et abandonner! Eh bien soit : on a mal jugé; on a été abusé par les apparences; on a manqué, si l'on veut, de pénétration et de justesse d'esprit : le châtiment s'est-il fait attendre? a-t-il été léger et insuffisant? y a-t-il eu trop peu de malheurs et de larmes; trop peu d'anxiétés et de désespoir? On s'est trompé! Jamais erreur plus fatale fût-elle plus douloureusement expiée? Les rois et les fils des rois sont précipités; les amis et les serviteurs des rois sont précipités; honneurs, grandeurs et puissance, tout est confondu et précipité! Acteurs ou témoins de ces catastrophes, qu'exigez-

vous , et qu'attendez-vous ? Des ruines ? les
trônes ont tombé. Des malheureux ? ils abondent.
Des criminels ?.... il y aura, si vous le voulez,
des victimes !

CHAPITRE XII.

SUITE DU PRÉCÉDENT.

Je confirmerai ce qui vient d'être dit par quelques exemples.

En 1822, lorsqu'on eut proposé la loi de censure, voici ce qui fut dit à la chambre des députés par ses commissaires :

« Le roi aurait pu, en vertu de l'article 14 de la Charte, prendre, par une ordonnance, la mesure qui vous est soumise, et sous ce rapport, on serait fondé à croire que le projet n'était pas nécessaire. Mais puisque le gouvernement a jugé

6

que l'intervention des chambres aurait quelques avantages, elles ne peuvent balancer à y consentir. »

En 1828, lorsqu'une nouvelle loi fut faite pour abroger et remplacer cette ancienne loi, voici ce qui fut dit à la chambre des pairs par ses commissaires. Leur rapporteur était M. Siméon.

« L'article 14 de la Charte réserve au roi de faire les réglemens et ordonnances nécessaires pour l'exécution des lois et la sûreté de l'état. Il n'est donc pas besoin que la loi lui fasse une réserve de ce qu'il tient de la Charte et de son droit de chef suprême de l'État. S'il y a danger imminent, la dictature pour y pourvoir en l'absence des chambres lui appartient. Il peut aussi, en cas de danger imminent, suspendre la liberté individuelle. »

Mais ce n'est encore que de la théorie ; voyons des actes.

La Charte disait que les lois qui ne lui seraient pas contraires resteraient en vigueur jusqu'à ce qu'il y eût été légalement dérogé (art. 63).

Elle disait aussi que l'élection des députés se

ferait par les colléges électoraux dont l'organisation serait réglée par les lois (art. 35).

Voilà donc que, selon le texte de la Charte, les lois électorales antérieures à 1814 devaient s'exécuter jusqu'à ce qu'il en eût été fait de nouvelles : entendez bien, de nouvelles lois.

Qu'arrive-t-il cependant? Le 13 juillet 1815 et le 5 septembre 1816, on crée tour à tour deux systèmes nouveaux d'élection, et on les crée par ordonnances.

Où avait-on puisé ce droit, si ce n'est dans l'article 14 de la Charte?

Mais c'est peu ; la Charte disait qu'on ne pourrait être élu avant quarante ans, ni être électeur avant trente (art. 38 et 40).

Qu'arrive-t-il cependant? Le 13 juillet 1815, il est établi qu'on pourra être électeur à vingt-et-un ans, et député à vingt-cinq.

Et comment cela est-il établi? par quel acte cette dérogation si essentielle à la Charte? par une loi? Point du tout : par une ordonnance.

Où avait-on puisé ce droit, si ce n'est dans l'article 14 de la Charte?

6.

C'est encore peu; la Charte disait : *Chaque département* aura le même nombre de députés qu'il a eu jusqu'à présent (art. 36).

Qu'arrive-t-il cependant? Le 13 juillet 1815 le nombre des députés est porté de 262 à 395; et par quel acte? Par une ordonnance.

Qu'arrive-t-il encore? En 1816, quand on prétend revenir au nombre fixé par la Charte, au lieu de cinq députés qu'avait le département de l'Ain, de trois députés qu'avait le département de la Corse, de deux députés qu'avait le département du Finistère en 1814, on en attribue trois au premier, deux au second, et quatre au troisième. Et par quel acte? Par une ordonnance.

Où puisait-on ces deux facultés, si ce n'est dans l'article 14 de la Charte?

Enfin, la Charte disait que l'on n'était électeur ou éligible, qu'à condition de payer soi-même un impôt direct de 300 fr., ou de 1,000 fr. (art. 38 et 40).

Qu'arrive-t-il cependant? En 1816, il est décidé qu'on pourra le devenir sans payer soi-même une obole, pourvu que la femme, ou l'enfant mineur, ou la mère veuve, ou la belle-mère, ou le beau-père, ou le père enfin paient l'impôt exigé.

Qu'arrive-t-il de plus? En 1815, et même en 1816, on décide que les légionnaires pourront être admis au collége d'arrondissement, sans payer d'impôts d'aucune sorte, et au collége de département, c'est-à-dire des plus imposés, avec un impôt de 300 fr. seulement.

Et comment toutes ces choses se sont-elles faites? Par des ordonnances. Et où puisait-on cette faculté? Évidemment nulle part, ou dans l'article 14 de la Charte.

Maintenant, qu'on récapitule : double changement de système ; double changement de nombre ; double changement d'âge ; double changement sur l'impôt ; changement sur les droits particuliers de trois départemens : tout cela sans loi. Dérogation directe, formelle et essentielle aux articles 35, 36, 38, 40 et 63 de la Charte : tout cela sans loi ; tout cela par ordonnance ; tout cela en vertu de l'article 14 ; tout cela sans accusation ni condamnation; tout cela sans crime! Et aujourd'hui!...

J'en ai déjà averti, ce ne sont que quelques exemples entre plusieurs autres,

CHAPITRE XIII.

SUITE DU PRÉCÉDENT. — ORDONNANCE DE DISSOLUTION.

On s'est fait un grief à part de l'ordonnance de dissolution. On a dit de cette ordonnance : C'est un attentat.

Voilà une assertion bien tranchante et bien rigoureuse. Je crains que ce ne soit un abus de mots, et ils sont tous dangereux en de telles matières.

L'attentat est ce qui attaque, ce qui blesse, ce qui porte atteinte : rien de plus vrai. Mais, selon l'esprit de la langue, cette expression qui est la plus forte et la plus élevée qu'on puisse employer, ne s'emploie avec propriété et exactitude que dans les cas extrêmes et considérables. Elle exige une certaine union d'importance dans l'attaque, et dans la chose attaquée. Il ne faudrait pas croire que toute attaque fût un attentat, ni que toute chose en pût devenir l'objet. Certainement, on s'exprimerait mal, en qualifiant d'attentat une violence légère envers une personne peu connue, ou une faible irrégularité dans un acte simple et commun.

Les lois françaises l'ont bien entendu de cette sorte, lorsqu'elles ont réduit l'application de ce mot aux attaques contre le roi, contre la famille royale, contre la sûreté de l'État, contre la liberté.

L'attentat est donc en effet une atteinte grave à une chose élevée.

Mais, pour que l'atteinte soit grave, il y a plusieurs conditions : il faut qu'elle soit réelle, étendue et préméditée. Il faut qu'elle blesse profondément la chose attaquée, et que l'auteur de l'attaque ne pût être en doute des effets et de la nature de son action.

Si je ne me trompe, on ne rencontrera rien

de semblable dans l'ordonnance de dissolution.

L'objection qu'on a faite n'a d'autre fondement que la date de cette ordonnance. On nie
que le roi pût dissoudre la chambre avant qu'elle
eût été matériellement réunie dans le lieu de ses
délibérations. Dix jours plus tard, on n'eût point
critiqué cet acte ; dix jours plus tôt c'est un
attentat.

La Charte n'autorise point cette distinction.
« Le roi, dit-elle, peut dissoudre la chambre des
» députés des départemens. » Il ne se peut rien
imaginer de plus simple, ni de plus absolu. C'est
un pouvoir général et indivisible. La seule condition qu'il admette est celle qui dérive de la
nature des choses, savoir : que la chambre existe,
car on ne dissout point ce qui n'existe pas. Mais
tant que la chambre existe et dès qu'elle existe,
le pouvoir dure lui-même. Il est, parce qu'il peut
s'exercer.

Telle est la loi, tel est son texte, tel est aussi
son esprit. Quand une chambre est formée, il
peut se faire qu'on n'en connaisse pas encore les
dispositions ; mais il faut pourtant avouer que
cela est rare. En général, les nominations

faites, tout le monde sait où sera la majorité.

En général aussi, il est de l'intérêt et de la prudence du gouvernement, soit d'accommoder sa politique à celle qui doit dominer dans la chambre, soit d'essayer de ramener la chambre à sa politique. Mais il peut y avoir des temps où cette dernière entreprise soit manifestement impossible, et la première manifestement dangereuse. Dans ce cas, la tentative en pourrait être funeste à l'État. Il est donc nécessaire que la couronne ait la faculté de s'en abstenir.

Il se mêle aussi des difficultés de temps à cette question. Il peut se former un tel enchainement d'événemens et d'affaires, que le loisir manque pour laisser engager les délibérations de la chambre, et convoquer à propos celle qui doit lui succéder. Il peut se faire, par exemple, qu'on soit parvenu à une telle époque de l'année, que le moindre retard mît dans l'impuissance d'obtenir en temps opportun, la loi de l'impôt. Alors, qu'arriverait-il ? Que si la théorie des censeurs de l'ordonnance était véritable, la couronne serait placée dans l'alternative ou de laisser l'État sans impôt, ou de renoncer à l'usage de la prérogative.

La prérogative est donc inconciliable avec cette théorie ; et comme la prérogative est à la fois certaine et nécessaire, c'est bien la preuve que la théorie qui lui est contraire ne peut se justifier.

Ainsi, l'on est arrêté dès le premier pas dans la recherche que je proposais. Bien loin que l'atteinte soit étendue, elle n'est pas même réelle. Bien loin que ses auteurs aient pu avoir l'idée du mal que l'on y attache, il a été naturel et légitime pour eux, de croire qu'ils ne feraient rien que de régulier. Ni attentat, ni intention d'attentat : rien de ce qui constitue le crime ne peut se rencontrer dans cet acte.

CHAPITRE XIV.

QUESTIONS ACCESSOIRES.

Les légistes ont une locution singulière pour exprimer ces circonstances plus spécieuses que vraies, dont ils enflent quelquefois une affaire, quand ils craignent qu'elle paraisse trop maigre et trop simple. Il les appellent des ajustemens de cause. Je crois, à en juger du moins par ce qui est connu, qu'on peut sans témérité donner ce nom à l'influence électorale, au complot, et au projet de guerre civile , dont on a orné et environné le chef principal ou , pour bien dire , unique de la trahison et des ordonnances. C'est pourquoi je réunis ces trois questions en un seul chapitre. Je n'aime pas à parler, et surtout longuement, sans nécessité.

Le véritable procès, c'est la trahison, et le véritable fondement de la trahison, les ordonnances. Quoique dépourvu de réalité et de légalité, ce point a du moins une réalité et une légalité apparentes. Les autres n'ont pas même ce mince avantage. Deux d'entre eux, qui auraient un motif légal, n'ont aucun prétexte de fait; le troisième a contre lui le fait et la loi.

Pourquoi donc les avoir compris dans la cause? Est-ce inhabileté? Assurément, non. Est-ce nécessité? On est porté à le croire. Mais d'où peut venir cette nécessité, si ce n'est de l'insuffisance reconnue des autres griefs? Voyons cependant, et abrégeons.

Il faut d'abord se ressouvenir que les ministres ne peuvent être accusés que de trahison et de concussion. Ainsi, pour ne parler en ce moment que de l'influence électorale, trois choses seraient nécessaires : que cette influence eût été abusive; que l'abus eût été poussé jusqu'à la violation de la loi ; que cette violation eût été si considérable qu'on y rencontrât les caractères de la trahison.

Or, premièrement, l'influence en soi n'a rien d'abusif. Elle peut le devenir; mais seulement par sa forme et par ses moyens. Partout où il y a des élections, il y a bientôt des partis, si même ils n'en ont pas précédé l'établissement. Partout où il y a des partis, le résultat des élections augmente ou réduit leur force. Comment espérer qu'ils laissent ce résultat au hasard? Vouloir des élections naturelles et spontanées, c'est une chimère. Je ne crois pas qu'il ait jamais existé un peuple assez simple et assez exempt de corruption pour réaliser ce prodige.

Mais les partis ne se forment point sans but et sans intérêt. Ils se font d'ordinaire des doctrines de religion ou de politique, avec lesquelles ils vont à la conquête du pouvoir. Les uns, qui l'ont obtenu, veulent le défendre; les autres, qui en sont privés, veulent l'envahir. Si l'attaque n'existait pas, la défense ne serait pas légitime; elle serait plus, elle serait absurde. Mais l'attaque existant, ce serait l'inaction qui serait absurde, et comme il s'agit du gouvernement qui est la chose du peuple, cette absurdité étant l'oubli d'un devoir, deviendrait un crime.

Il est donc naturel et inévitable que les partis opposés au gouvernement, l'attaquent dans les élections ; il est nécessaire et légal que le gouvernement s'y défende.

Mais cette défense n'a-t-elle point de limites ? Au contraire, elle a les mêmes limites que l'attaque. Tout ce que la loi défend leur est également interdit ; tout ce qu'elle ne défend pas, leur est également libre et permis.

Ecrire et agir ; rechercher et solliciter des suffrages ; exciter ses amis ; blâmer ses rivaux et ses adversaires; flatter et louer, offrir et promettre, desservir ou favoriser ; disposer à son gré des facultés que l'on a et de la confiance que l'on vous demande ; voilà ce qu'aucune loi ne condamne, et que le gouvernement peut faire aussi bien que ses ennemis.

Qu'est-ce donc qu'il ne peut pas faire ? La loi le dit, et l'on ne saurait aller au-delà ; la loi le dit pour ses adversaires comme pour lui : « Aucun ne peut, par attroupemens, voies de fait, ou menaces, empêcher les citoyens d'exercer leurs droits civiques ». (Cod. pén., art. 109).

« Aucun ne peut vendre ou acheter des suffra-
» ges. » (Art. 113.)

Or, maintenant, y a-t-il quelqu'un qui dise
des ministres qu'ils ont acheté des suffrages ?
Point du tout. Y a-t-il quelqu'un qui dise d'eux,
qu'ils ont empêché un électeur d'exercer ses
droits civiques ? Tout aussi peu ; et s'il se rencontrait quelqu'un qui le prétendît, j'aurais
encore à demander : Où est cet électeur qui
s'est abstenu de voter ? dites son nom, et qu'il
se montre.

Cependant, ce n'est pas tout que d'empêcher
de voter. La loi n'incrimine l'action qu'en vue
de sa cause ou de ses moyens. Menaces, attroupemens, voies de fait, voilà les causes qui ren-
dent l'empêchement criminel, et ce sont les
seules. Or, des attroupemens et des violences,
il n'y en a pas eu du fait des ministres ; des menaces pour empêcher de voter, il n'y en a pas eu
de leur fait.

Il y a eu deux choses : l'expression d'une doctrine, et l'usage régulier d'un droit. La doctrine était que les employés du gouvernement
devaient lui prêter leur appui. Cette doctrine

est bien vieille et bien générale. Il serait étrange
qu'elle fût fausse et surtout coupable. Elle règne
sans contestation aux États-Unis et en Angle-
terre ; elle a régné en France depuis qu'on y fait
des élections, et l'on ne voit pas qu'on soit prêt
à y renoncer. Si c'est là ce qu'on entend par une
menace, on se méprend doublement : en premier lieu, parce qu'il faudrait établir qu'elle a
empêché quelqu'un de voter, puisque la loi ne
condamne que les menaces qui ont produit cet
effet ; en second lieu, parce que la confiance du
gouvernement est son bien, qu'il est le maître
de l'accorder ou de la reprendre à qui il lui
plaît, et qu'il serait par trop abusif de trans-
former l'expression publique d'une volonté légitime et libre en un acte que la loi réprouve
et punit. Qui a un droit, en use sans crime.
Qui se contente d'annoncer l'usage, fait moins
que s'il usait effectivement. Or, comment le fait
plus considérable étant légitime, le fait moindre
serait-il criminel ?

Quant au second point, ce sont les destitutions.
Or, sur cela, comme il serait trop long de tout
dire, je me contenterai d'un dilemme : ou les

destitutions ont précédé l'élection, ou les destitutions l'ont suivie. Si elles ont précédé, le fonctionnaire était libre; l'élection venue, il est peu
probable qu'elles l'aient empêché de voter. Si
elles ont suivi, l'élection était faite, il n'était
plus temps qu'elles empêchassent de voter. Or,
les amis des ministres affirment que les destitutions ont suivi; et leurs ennemis ajoutent que
c'est l'élection qui les a causées. Mais si le vote a
causé la destitution, c'est que le vote était contraire au gouvernement; si le vote était contraire
au gouvernement, le vote était libre; si le vote
était libre, on n'a été empêché ni de voter, ni
de voter comme on l'entendait. La destitution
postérieure prouve donc le contraire de ce qu'on
avait à prouver. On avait à prouver l'obstacle,
et elle prouve justement qu'il n'y en a pas eu.

Il ne faut pas oublier que tout est rigoureux
dans une discussion légale, et que cette rigueur
est d'autant plus grande quand il s'agit de crime
et d'accusation. Ce n'est pas en de tels débats
que l'imagination peut se donner libre carrière.
C'est pourquoi je pèse les mots, et me renferme
étroitement dans les limites qui me sont mar-

quées. Tout lecteur impartial fera comme moi.

Or, je suppose que ce qui vient d'être dit ne soit pas aussi exact qu'il l'est en effet. L'influence électorale aura été abusive; la doctrine des devoirs de l'homme public sera trouvée vicieuse; l'exemple des temps antérieurs et des gouvernemens analogues sera jugé impuissant : qu'en concluera-t-on? Prenez garde qu'il ne s'agit de rien moins que de trahison; que c'est la trahison qu'il faut en conclure, sans quoi l'on n'aura rien conclu pour l'accusation, qui ne peut pas avoir d'autre base. Mais, de bonne foi, est-il quelqu'un d'assez prévenu pour prétendre que l'exercice, même abusif, du droit d'influence soit tellement criminel qu'il puisse constituer un si énorme attentat? (¹) Sera-t-on puni de la peine

(¹) S'il faut donner un exemple d'influence abusive, je le donnerai. Dans les élections de 1687, Jacques II entreprit de faire contracter par écrit, aux électeurs et aux candidats, les engagemens suivans : aux électeurs : « Je donnerai mon suffrage pour être » membre du parlement, à telle personne que Sa Majesté approu- » vera. » Et aux candidats : « Si je suis choisi pour être membre du » parlement, je consens à faire abolir le Test et les lois pénales. » Qu'on prenne la peine de réfléchir et de comparer.
Sunderland était premier ministre alors : il ne fut point mis en accusation.

des traîtres pour avoir déclaré (à tort ou à rai=
son, il importe peu), que le mandataire du
gouvernement qui agirait contre lui dans les
élections perdrait son mandat? Non, sans doute;
il n'y a rien de plus déraisonnable et, pour
ainsi parler, de plus impossible. Que fait donc
cet incident dans l'accusation?

Je viens au complot. Nos lois ont divisé ce
crime en deux branches : le complot proprement dit, et ce qu'il leur a plu d'appeler le
concert.

Le *concert* appartient à cette espèce de crimes
que le titre du Code pénal, où ils sont classés,
caractérise mieux que tout le reste, en les dénom-
mant *coalition de fonctionnaires*.

Le *concert* se reconnaît à deux signes : par
son objet et par ses moyens. L'objet, ce sont des
mesures contraires aux lois ou aux ordres du
gouvernement; les moyens, ce sont la réunion
des fonctionnaires, les députations qu'ils s'adres-
sent, les correspondances qu'ils entretiennent.

Trois articles du Code pénal s'occupent plus
spécialement de ce crime. Le premier énumère
les moyens qui viennent d'être indiqués; le se-

cond les rappelle expressément en ces termes :
par l'un des moyens exprimés ci-dessus ; le troisième, qui le suit immédiatement, les rappelle
encore, mais d'une manière implicite, quoique
tout aussi positive : *Ce concert,* dit-il ; or, à quel
concert ce pronom démonstratif se rapporte-t-il,
si ce n'est à celui qu'indique l'article antérieur,
et qui se forme par l'un des trois moyens que
j'ai déjà dit ?

Il fallait donc des correspondances ? Où sont-
elles ? Ou des députations ? Qui en a ouï parler ?
Ou des réunions de fonctionnaires ? En quel temps
et par qui se sont-elles formées ? Citera-t-on le
conseil du roi ? Mais qui ne voit que ce conseil
est une autorité unique, homogène et indivisible,
et qu'il s'agit, selon l'expression de la loi, d'une
coalition, c'est-à-dire d'un rapprochement et
d'une alliance entre plusieurs autorités différentes, car on ne se *coalise* pas avec soi-même.
Citera-t-on l'autorité militaire ? Mais l'autorité
militaire n'a point délibéré avec le conseil du
roi ; elle ne s'est point unie et *coalisée* avec lui ;
elle n'en est pas même accusée. Elle a reçu comme
subordonnée, des ordres du roi ; elle a obéi et

servi, selon l'ordre naturel de sa subordination et de ses devoirs. Il n'y a donc pas eu *coalition;* il n'y a pas eu *concert.*

Quant au complot proprement dit, il est à propos de rechercher d'abord ses caractères légaux. Le complot suppose une *résolution d'agir concertée* entre plusieurs personnes : c'est, selon la loi, la première condition de son existence. Le complot particulier qu'on attribue aux ministres, doit avoir *pour but* d'exciter la guerre civile, ou de porter la dévastation sur quelque point du royaume : c'est sa seconde et principale condition. Enfin, *l'excitation,* que la loi désigne, est celle qui consiste à armer ou à porter les citoyens à s'armer les uns contre les autres : c'est la troisième condition de ce complot.

Les choses étant ainsi, on demandera premièrement s'il y a eu *résolution d'agir?* Cela n'est guère douteux. Mais toute résolution d'agir n'est pas criminelle. Les seules résolutions criminelles sont celles qui se forment pour atteindre le but que la loi défend et punit. La résolution et le but ne peuvent donc pas être séparés dans l'appréciation du fait qu'on accuse, et tout consiste

toujours à savoir si l'on s'est proposé le but dé-
fendu par la loi.

Or, s'était-on proposé la dévastation? Question absurde. S'était-on proposé d'armer les ha-
bitans les uns contre les autres? Question absurde. Où trouver les preuves, les indices, la
vraisemblance même d'une si monstrueuse résolution? Ce qu'on s'était proposé est certain, et
les témoignages en sont positifs et incontestables.
On s'était proposé de suspendre la liberté de la
presse et de modifier le système électoral. Les
ordonnances attestent hautement et invincible-
ment cette volonté. Que cette volonté fût téméraire et condamnable, cela se peut; mais ce n'est
pas de cela qu'il est question. Il suffit en ce moment, qu'elle soit tout autre que celle qu'exige
la loi pour constituer le complot.

Sans doute il est arrivé que cette résolution a
eu des résultats déplorables. La guerre civile est
venue, et l'on a dévasté les Tuileries et l'Arche-
vêché de Paris. Mais ne confondons pas le résultat
et le but. Le but est toujours dans la prévoyance
et dans l'intention de celui qui agit. Le résultat
est souvent contraire à ses calculs et à ses des-

seins. Le but coupable rend toujours coupable
celui qui agit pour l'atteindre. Le résultat malheureux ne rend point coupable celui qui ne l'a
ni recherché, ni prévu. Non, ne confondons
point le résultat et le but : nous le pouvons d'autant moins, que la loi s'élève elle-même contre
cette injuste confusion. C'est le but seul qu'elle
examine et condamne ; c'est le but seul qu'elle
recueille comme élément du complot. Le complot, dont *le but sera*, dit elle : ces mots mar-
quent la limite ; il n'est au pouvoir de personne
de la dépasser.

Voilà pour les dispositions légales, et puisque
l'explication en est favorable, je conviens qu'on
ne peut rien demander de plus. S'il était permis
cependant d'aller au-delà, qu'on réfléchisse en
quel lieu et en présence de qui se serait formé ce
complot ! Qu'on se figure cette famille de rois
conspirant contre ses lois, contre ses peuples et
contre soi-même ! Qu'on imagine un gouvernement méditant des massacres et n'assemblant
point de soldats ; provoquant la guerre civile, et
manquant par sa volonté de vivres, de muni-
tions de guerre, et même d'argent ! Quelles sup-

positions, grand Dieu ! et comment n'a-t-on pas compris qu'elles révolteraient la raison publique?

Une réflexion essentielle domine toutes ces questions. Je n'ai pas voulu l'exprimer plus tôt, parce qu'elle aurait perdu de sa force, si je n'avais pas auparavant épuisé la discussion littérale des lois qu'on invoque. Je puis le dire à présent avec plus de confiance et de liberté ; comme on abuse des faits, on abuse aussi de la loi. La loi a été établie pour préserver le gouvernement des coalitions et des complots formés contre lui ; et voilà qu'on retourne contre lui les garanties qu'on lui avait données ; on le poursuit et l'opprime avec la loi qui avait été faite pour lui : les juges s'en souviendront ; l'histoire ne l'oubliera pas.

CHAPITRE XV.

DU RAPPORT DE M. DE BASTARD.

Je franchis d'abord soixante-douze pages de cet écrit ; et sur le reste, je n'en réserve que quatre. C'est que, forcé comme je le suis de contredire, je ne veux pourtant contredire qu'autant que j'y suis forcé. Je me réduis à l'examen des doctrines : il n'y a que cela qui importe à mon dessein et qui lui convienne.

L'auteur de cet écrit a attaqué ma personne, en toute liberté : il s'en était fait un devoir. Moi qui ai reçu le mien tout fait des mains de la nécessité, et qui n'attaquerai d'ailleurs qu'un écrit, aurai-je moins de liberté ?

Je prendrai toute celle qui sera nécessaire pour la vérité : aucune au-delà.

Qu'est-ce que l'action de juger ?

Dans les États libres, c'est de vérifier un fait, et de choisir la loi qui lui est applicable. « Il n'y » a point de citoyen contre qui on puisse inter- » préter une loi, dit Montesquieu, quand il s'agit » de ses biens, de son honneur ou de sa vie (¹). » On ne peut pas l'interpréter ; à plus forte raison la refaire.

Il est vrai qu'il y a d'autres États où l'action de juger se définirait autrement. « Là, dit Mon- » tesquieu, il n'y a point de loi : le juge est lui- » même sa règle. » Mais quels sont ces États? » les États despotiques, » répond Montesquieu (²).

Si donc il se rencontrait un juge, en France, qui se prît lui-même pour règle de ses jugemens, ce juge ferait dans un État libre, un acte des États despotiques.

(¹) Esprit des lois, liv. vi, c. 3.
(²) Esprit des lois, liv. vi, c. 3.

D'où vient la justice du droit qu'exerce la société contre les accusés qu'elle poursuit?

De ce qu'ils ont été avertis, et qu'ils ont su à quel péril ils s'exposeraient s'ils commettaient l'action qu'on leur attribue.

Ils ont été informés du tort qu'ils feraient à l'État, et de la satisfaction que l'État exigerait d'eux. Ils ont pu choisir, et ils ont choisi. Ils ne doivent s'en prendre qu'à eux des inconvéniens de leur choix.

Si on les frappait sans loi, ou par une loi postérieure, ce qui fait le droit de la société s'évanouirait. Il n'y aurait ni liberté, ni justice. Il y aurait surprise, abus de la force, tyrannie. Ce seraient encore les règles des États despotiques, transportées dans un État libre.

C'est bien, il est vrai, une maxime des États libres, que nul n'est censé ignorer la loi. Mais quelle loi? Celle qui est faite. Si elle ne l'était pas, nul ne la saurait. Et comme cette maxime elle-même prouve qu'on n'est soumis à la loi que parce qu'on est censé la connaître, elle prouve aussi qu'on ne lui est soumis qu'autant qu'elle est faite.

Quelle est la principale règle de la police intérieure de la France ?

La distinction et la division des pouvoirs : Le pouvoir législatif n'administre ni ne juge. Le pouvoir administratif ne fait ni des jugemens ni des lois. Le pouvoir judiciaire ne fait ni des lois ni des actes d'administration.

Le Code pénal inflige les peines de la forfaiture aux fonctionnaires publics qui ne respectent pas ces limites. (Cod. pén., art. 127-128).

Il y a bien des législateurs qui sont juges ; des administrateurs qui sont législateurs ; un corps entier qui fait des jugemens et des lois. Mais ces fonctions, réunies dans la même personne, ne le sont jamais dans le même moment et dans le même acte ; elles s'exercent sucessivement et à part.

Quelle est, en France, la première règle de la loi civile ?

« Que la loi ne dispose que pour l'avenir et » n'a point d'effet rétroactif. » (Cod. civ., art. 2).

Quelle est enfin la première règle des lois criminelles ?

« Que nulle contravention, nul délit, nul

» crime, ne peuvent être punis de peines qui
» n'étaient pas prononcées par la loi avant qu'ils
» fussent commis. » (Cod. pén., art. 4.)

Voilà des maximes certaines, à ce qu'il me
semble; des maximes qui ne sont pas à moi,
mais à tout le monde; qui ne se trouvent pas
uniquement et par hasard sous ma plume, mais
qui sont partout.

Il faut en écouter d'autres, maintenant. Celles-ci
ne sont pas à moi non plus; on s'en apercevra
aisément. Mais elles ne sont pas, comme les premières, à tout le monde; il s'en faut bien. Elles
appartiennent à l'écrit de M. de Bastard, et n'appartiennent qu'à lui. Je demande en grâce qu'on
ne l'oublie pas.

« En matière criminelle ordinaire, il est vrai
» qu'on ne saurait traduire un citoyen en justice
» que pour un fait spécialement prévu par la loi
» pénale. Toutefois, en matière de crime politique
» et de responsabilité ministérielle, il est impos-
» sible qu'il n'y ait pas accusation quand il y a
» eu péril pour la patrie, et qu'il n'y ait pas ju-
» gement quand il y a eu accusation. » (P. 74.)

« Sans doute la liberté et la sûreté d'un citoyen

» doivent être préférées à la répression d'un
» trouble ou d'un désordre que le législateur a
» négligé de signaler. Mais il n'en saurait être
» ainsi, lorsque la liberté et la sûreté du pays
» ont été mises en danger. » (Ibid.)

« La justice politique n'est pas seulement du
» droit public, elle est du droit des gens; elle est
» inhérente au droit naturel. » (Ibid.)

« C'est à la chambre des députés, qui accuse,
» et à la chambre des pairs, qui juge, à suppléer
» à l'absence d'une définition légale appliquée au
» crime. » (P. 75.)

« Les actes d'un tel procès ne sont pas seulement
» judiciaires; ils participent nécessairement du
» caractère législatif. » (Ibid.)

« La puissance qui statue sur toutes ces choses
» en principe, et qui fait aussitôt et presque si-
» multanément l'application du principe, crée la
» loi et en use à l'instant même pour prononcer
» le jugement. » (Ibid.)

« Ainsi le commande la nécessité, qui *proroge*
» tous les pouvoirs. » (Ibid.)

« Déjà la pratique de la cour des pairs a prouvé
» qu'elle connaissait toute l'étendue de ses droits

» et de ses pouvoirs : elle n'a pas craint d'arbi-
» trer les peines. » (Ibid.)

« Dans le cas présent, tant qu'il n'existera pas
» de loi antérieure qui définisse le crime et déter-
» mine une peine, l'usage de sa puissance légis-
» lative est forcé : il cesse d'être un droit pour
» devenir un devoir. » (P. 76.)

« Si la cour n'instituait pas la peine en pro-
» nonçant la condamnation, toute condamnation
» deviendrait une iniquité, puisqu'elle applique-
» rait une peine que rien n'autoriserait, ne jus-
» tifierait, qui ne serait établie par aucune loi. »
(Ibid.)

Telles sont, exactement et littéralement, la
politique, la science légale, la justice et la logique
de cet étrange rapport. Je puis assurément me
tromper; mais je ne crois pas qu'il ait été écrit de
long-temps une page où l'esprit d'envahissement
et d'oppression se soit fait voir avec plus de naï-
veté. Ce n'était pas l'intention de l'auteur, je n'en
doute point; mais le fait a cruellement trompé son
intention.

Il faut cependant mettre toutes ces idées en

ordre, afin de les mieux juger et de les discuter plus commodément.

Ainsi donc, il n'y a point de loi applicable au crime, point de définition légale du crime, point de peine instituée pour le crime.

Selon les règles du droit criminel, il faudrait absoudre.

Mais il faut condamner criminellement, malgré les règles du droit criminel.

Et pourquoi?

Parce qu'il est impossible qu'il n'y ait pas jugement quand il y a accusation.

Parce que la justice politique est du droit public, du droit des gens, et même du droit naturel;

Parce qu'il s'agit de crime politique, et en outre, de responsabilité ministérielle.

Hors les accusés, tout manque pour le jugement. Mais on y supplée. On supplée à la loi et au pouvoir de faire la loi; on supplée la définition du crime et la peine.

On se fait législateur en même temps que juge. On s'attribue, parce qu'on est juge, la plénitude des pouvoirs du législateur.

On en agit ainsi par nécessité ;

Parce que la nécessité *proroge* les pouvoirs, c'est-à-dire apparemment accroît leur étendue, et non leur durée : il ne faudrait pas s'y tromper ;

Puis, parce qu'il est à propos de faire que la condamnation ne devienne pas une iniquité, et que ceci en est sans doute un infaillible moyen.

Puis enfin, parce qu'on a antérieurement agi de la même sorte, en des cas à peu près pareils.

C'est donc à cela que je dois répondre : essayons.

De ces trois propositions, qui forment toute la substance du rapport, savoir : Qu'il n'y a point de loi qui permette de condamner ; mais qu'on le doit par exception, et que la cour des pairs le peut en cette forme, je n'en saurais accorder qu'une seule, et c'est la première.

Oui, et j'en prends acte, puisque M. de Bastard en convient : en France, et dans tous les États qui ne sont pas soumis au pouvoir despotique, la règle invariable du juge est : point de loi, point de châtiment.

Il n'y a pas de loi, dites-vous ? moi, j'ajoute que nous ne sommes pas à Constantinople, et

Montesquieu conclut que vous ne pouvez pas condamner.

Vous concluez, vous, qu'il le faut? C'est bien quelque chose d'avoir pour soi Montesquieu, quand on a le malheur de vous avoir contre soi. Mais, je vous écoute.

Il le faut, dites-vous, par exception. Des supplices sans loi, et par exception! voilà qui est bien. Savez-vous pourtant ce que c'est qu'une exception? C'est une règle qui en fait fléchir une autre; mais c'est encore une règle.

C'est une règle plus étroite ordinairement et plus rigoureuse que la première; à laquelle on ne se soumet qu'avec répugnance et discrétion. C'est une règle que le juge, quel qu'il soit, ne peut pas étendre, et qu'il doit bien plutôt restreindre. Une règle qu'il ne peut pas étendre, à plus forte raison, créer.

Les Romains avaient poussé assez loin, je crois, la science de la législation. C'est dans leurs écrits que j'ai puisé ces maximes : les jurisconsultes de France les ont toujours observées religieusement.

Ne voyez-vous pas où vous êtes? Dans un

cercle vicieux, rien de plus. Vous dites qu'il
faut une exception, parce qu'il n'y a pas de loi.
Mais il faudrait une loi, pour qu'il y eût exception.

Sans doute, si la loi de trahison et de responsabilité n'étant pas faite, il y en avait une en
France, comme il y en a une, je crois, quelque
part, qui dît qu'en attendant vous jugeriez
comme il vous plairait, cette loi serait peut-être
mauvaise, et on aurait eu tort de la faire. Cependant, mauvaise ou non, elle existerait, et
personne n'aurait rien à dire contre vous, si
vous l'observiez.

Mais cette loi nécessaire vous manque; cette
loi, fondement essentiel et indispensable de votre
exception, vous ne l'avez pas.

Bien loin de là, vous en avez une à laquelle
vous ne songez point, qui dit littéralement le
contraire, et qui vous ferait rentrer, malgré
vous, dans le droit commun, s'il ne suffisait pas
à celui-ci de sa propre autorité pour vous re-
tenir.

Où puisez-vous le droit de juger? Dans la
Charte. La Charte? mais vous la scindez. Elle

vous attribue le pouvoir « de connaître des
» crimes de haute trahison ? » Sans doute ; mais
pourquoi vous arrêtez-vous ? continuez donc,
achevez : « Les crimes de haute trahison, qui
» seront définis par la loi. » Qu'en pensez-vous,
maintenant ?

Mais allez plus loin. Sa volonté est si bien ar-
rêtée, qu'elle la répète. Elle veut si bien prévenir les doutes, qu'elle y revient à deux fois.
Vous jugerez, dit-elle, les trahisons et les con-
cussions des ministres ! Oui, certes ; mais écou-
tez-la encore un instant : « Des lois particulières
» spécifieront cette nature de délits. »

Cela est-il clair ? La Charte a parlé, et elle a
exclu l'exception. En instituant votre pouvoir,
elle en a fixé les limites. En vous soumettant des
accusations, elle vous soumet vous-même à la
loi. Elle est allée au-delà de ce qui était nécessaire. Son silence eût suffi, et elle n'a pas gardé le
silence. Vous, cependant, vous faites, quoiqu'elle
ait parlé, non pas comme si elle eût gardé le silence, mais comme si, le rompant, elle eût dit
le contraire de ce qu'elle a dit ! Oh ! confusion.

Vous voulez donc une exception qui viole la

loi générale, une exception qui viole la constitution, une exception qui viole toutes les notions
de la politique et de la justice ; une exception qui
vous élève, et qui abaisse les autres, une exception qui vous donne un droit que personne n'a,
le droit de vie et de mort; vous voulez, pour
tout dire d'un mot, une exception impossible.
C'est déjà beaucoup ; mais voyons cependant
pourquoi vous la demandez.

Vous la demandez, parce que « lorsqu'il y a
» accusation, il est impossible qu'il n'y ait pas
» jugement. » Jugement! et qui le conteste?
Jugement! Est-ce bien là ce que vous avez voulu
dire? On accuse, et il faut juger! cela est certain. Vous jugerez donc; personne ne vous en
empêchera. Vous jugerez ce qu'il sera en votre
pouvoir de juger. Vous jugerez que vous êtes in-
compétens, si vous l'êtes; que vous ne pouvez
condamner, s'il n'y a pas de loi. Tout cela est
du droit commun et de votre autorité régulière :
il n'est pas besoin d'exception. L'exception n'est
donc point nécessaire pour le jugement. La nécessité du jugement ne prouve donc pas la nécessité de l'exception.

C'est qu'en effet ce n'était pas cela que demandait la régularité du raisonnement. Le mot *jugement* n'est point là à sa place : le mot véritable, le mot de sens et de logique, est *condamnation*. Oui, oui, je l'entends fort bien : prouvez et admettez la nécessité de la condamnation ; établissez la nécessité juste et légale d'une condamnation contre la justice et contre les lois ; alors votre argument sera exact, et votre démonstration, concluante. Certes, s'il est nécessaire de condamner et que le droit commun s'y oppose, il devient nécessaire que le droit commun soit violé, et qu'il se trouve quelqu'un qui consente à commettre cette violation : je ne connais rien, les prémisses admises, de plus parfait que cet argument. Mais ce n'est pas celui-là qu'on propose : on n'oserait. L'auteur du rapport s'est fait peur à lui-même de sa propre exactitude et de sa propre logique. Il a préféré, par une pudeur louable, moins de conséquence et plus de réserve. Il a mieux aimé un mauvais raisonnement qu'une mauvaise action. Je n'entends pas l'en reprendre, mais l'en louer.

Toutefois, il a encore d'autres motifs en ré-

serve pour justifier l'exception ; celui-ci, par
exemple : que la justice politique est du droit
public, du droit des gens, et même du droit
naturel.

Du droit public? Cela est incontestable; car
chaque peuple ayant son droit public, selon la
nature de sa constitution politique, qui en est
le principal objet et la vraie source, il est bien
clair que l'espèce de justice qu'on établit pour les
délits qui attaquent sa constitution, ne peut
guère manquer d'être une dépendance de ce
droit.

Mais qu'est-ce que cela prouve en faveur de
l'exception? Parce que la justice criminelle-po-
litique est du droit public, s'ensuit-il qu'elle
soit sans règle? Le droit public est-il sans règle
lui-même, ou bien en dispense-t-il? A-t-il des
règles à part, pour une justice singulière qui lui
appartienne plus que les autres? L'auteur ne s'en
souvient donc plus; toutes les juridictions sont
du droit public. La juridiction criminelle ordinaire en est, tout aussi bien que la juridiction
politique, en faveur de laquelle il crée, je ne
sais pourquoi, ce privilége inconnu. Les lois de

cette justice ordinaire, qu'il exclut si mal à propos, en sont elles-mêmes. Oui, certes, et il est
fâcheux qu'il n'y ait pas fait attention ; le jury
est du droit public en France, tout autant que
la cour des pairs ; autant et aussi bien en est
l'article 4 du Code pénal, qui borne aux peines
établies par la loi, celles qu'on peut prononcer
dans les tribunaux, que les deux articles de la
Charte, qui ne permettent de juger que les crimes
de trahison qui seront définis par la loi.

On ne voit donc pas à quoi peut servir de rap-
peler, ce que personne ne nie, que la justice politique est du droit public. Mais on voit fort bien,
en revanche, à quoi cela peut nuire. Car cette
justice trouvant dans le droit même de qui elle
dépend les règles nécessaires dont on entreprend
de l'affranchir, ce serait, au besoin, une preuve
de plus de l'inconséquence et de la témérité de
cette entreprise.

A la vérité, l'on ajoute que cette justice est
aussi du droit des gens. Mais j'avoue que cette
assertion m'étonne, et que je la comprends difficilement. Est-ce que le droit des gens (*jus gen-
tium*) ne serait plus ce qu'il avait été jusqu'ici, la

science des rapports de droit et de devoir qui existent entre les diverses nations? S'il n'avait pas changé pourtant, il faut qu'on me le pardonne, mais j'aurais alors deux questions à faire : la première, comment il pourrait arriver que la justice politique d'un peuple, qui ne concerne que lui, constituât cependant un rapport, c'est-à-dire un lien réciproque entre lui et les autres peuples? La seconde, comment, en admettant la réalité de ce rapport, on en pourrait tirer quelque induction en faveur du pouvoir qu'on suppose de punir sans loi? Car il ne faut pas le perdre de vue, c'est toujours cela qui est à prouver.

A la vérité, l'on ajoute encore que la justice politique est du droit naturel. Mais ceci ne m'étonne plus seulement; il me confond.

Qu'est-ce donc que le droit naturel? Dieu me préserve, après ce que je viens de dire, d'en proposer moi-même la définition. Montesquieu va prendre ce soin.

« Les lois de la nature sont ainsi nommées » parce qu'elles dérivent uniquement de la cons-» titution de notre être. Pour les connaître bien, » il faut considérer un homme avant l'établisse-

» ment des sociétés. Les lois de la nature seront
» celles qu'il recevrait dans un état pareil. » (¹).

Or, qu'on me dise si la justice politique peut
précéder l'établissement des sociétés, et par quel
prodige elle ferait partie des lois que recevrait
l'homme avant cet établissement.

Non, il n'est pas vrai que cette juridiction, ni
même aucune autre, soit du droit naturel; et
quand cela serait vrai, il ne le serait certainement point qu'un droit si simple, si pur, si
profondément équitable que celui-là, autorisât
à punir sans règle et à faire réagir les supplices.

On ne trouverait donc ni pensée juste, ni pensée même d'aucune sorte dans cette bizarre assertion, si l'on ne pénétrait pas au-delà de ses premiers termes. Mais en allant plus avant, on croit
entrevoir un sens plus réel et une intention moins
confuse.

L'homme, avant l'établissement des sociétés,
a le droit de pourvoir à sa conservation. La défense de soi est donc de droit naturel.

Les sociétés, après leur établissement, ont un

(¹) Esprit des lois, liv. 1, ch. 2.

même droit. Celui-ci est, à la vérité, du droit des gens. Mais ce n'est pourtant qu'une application faite aux grandes associations d'hommes, d'un principe que le droit naturel appliquait antérieurement à l'homme isolé.

C'est donc comme par une sorte de dérivation du droit naturel que les sociétés pourvoient à leur conservation et exercent le droit de défense. Or, la justice politique a été instituée pour la défense des sociétés. Donc la justice politique a sa source dans les principes du droit naturel. Tel est, n'en doutons pas, l'argument qu'a eu l'intention de faire l'auteur du rapport.

Mais cet argument ne vaut pas beaucoup mieux que l'autre ; car la défense qu'autorise le droit naturel, c'est l'emploi de la force de l'homme, pour repousser l'agression de l'homme.

De même, la défense qu'autorise le droit des gens, c'est l'emploi des forces d'un peuple, pour repousser l'agression des peuples. La défense du droit des gens, c'est la guerre.

Les tribunaux et les lois pénales n'ont aucun rapport avec ces défenses-là. Ils n'ont rien de commun avec le droit naturel et le droit des gens.

Cependant, il y a pour les peuples une autre sorte de défense, qui a pour objet le maintien de l'ordre intérieur contre les crimes et les attentats par lesquels il pourrait être troublé.

Celle-là, qui est la seule dont il soit question, n'est point du droit des gens; encore moins du droit naturel. Elle est uniquement du droit politique ou public; à moins, toutefois, ce dont je demande la permission de douter, que Montesquieu ne se trompe. Car, selon lui : « Les hommes, » considérés comme vivant dans une société qui » doit être maintenue, ont des lois dans le rap- » port qu'ont ceux qui gouvernent avec ceux qui » sont gouvernés, et c'est le droit politique. » (1).

Tout se réduisant donc et revenant toujours au droit politique ou public, qui n'a rien de vague et d'indéfini, il ne s'agit plus que de voir s'il peut être du droit public qu'on méprise ses propres maximes; s'il peut être d'un droit fondé sur des lois positives qu'une volonté d'homme s'élève arbitrairement au-dessus d'elles; en un mot, si l'on peut raisonnablement chercher dans ce droit des prétextes pour l'anéantir.

(1) Esprit des lois, liv. I, ch. 3.

Alléguer à ce propos, la défense du peuple, c'est faire un grand abus de mots et une étrange confusion d'idées. La défense du peuple, au nom de laquelle on peut légitimement voiler le livre des lois, n'est que celle de qui dépend immédiatement son salut. La raison des siècles a proclamé cette loi, la suprême loi. Mais le péril passé et le salut obtenu, ce qui vient après n'a ni cette excuse, ni ce privilége. Les lois reparaissent alors, et rien ne se fait plus légitimement, que dans la forme qu'elles ont prescrite.

Un peuple qui prétendrait se venger en violant ses lois, vengerait ses ennemis plutôt que lui-même; car il briserait le sceau de ses libertés.

Un peuple qui prétendrait défendre sa liberté par le même moyen, s'abuserait singulièrement; car bien loin de défendre sa liberté, il la détruirait.

Mais voici une dernière excuse en faveur de l'exception. Prenez-y garde, dit M. de Bastard, il s'agit de crime politique et de responsabilité ministérielle.

Assurément, j'y prends garde, et il y a peu d'apparence que je m'en abstienne; car ce qu'on prétend me donner pour un fondement régulier de l'exception, j'entends l'opposer, moi, comme la cause la plus évidente et la plus efficace de sa ruine.

Laquelle importe le plus, de la liberté civile ou de la liberté politique? C'est quelquefois la liberté civile, pour l'homme isolé; c'est toujours la liberté politique, pour l'État.

L'arbitraire, c'est-à-dire la volonté de l'homme substituée à celle des lois, l'arbitraire est-il un moyen de liberté ou d'oppression? D'oppression, à ce qu'il me semble.

Introduisez donc l'arbitraire dans la juridiction civile; qu'opprimerez-vous? la liberté civile; c'est-à-dire celle qui importe le moins à l'État.

Introduisez-le dans la juridiction politique; qu'opprimerez-vous? la liberté politique; c'est-à-dire celle qui importe le plus à l'État.

Si donc il pouvait y avoir des matières comme vous dites, où votre exception fût plus admissible parce qu'elle y aurait moins d'inconvéniens, ce seraient celles que vous en affranchissez; et s'il y en avait où il fallût la rejeter plus qu'en au-

cune autre, ce seraient celles pour qui vous la
voulez établir.

Dans la justice civile, le juge a ordinairement
peu de passion. Il n'y est guère soumis à l'ambition, jamais à la crainte. L'arbitraire, chez lui,
serait certainement dangereux ; mais au moins cet
arbitraire serait libre. L'arbitraire du juge civil
serait bien le sien.

Dans la justice politique au contraire, le juge
n'y porte pas seulement ses préventions et ses
passions ; il y porte celles de son parti, et ce qu'il
y a de pire, celles du peuple. Si vous ne lui donnez pas, par des lois formelles, un appui contre
ses propres faiblesses et contre celles des autres,
il vous faut rayer du titre de cette juridiction,
le mot justice. Elle serait opprimée elle-même par
sa liberté.

L'arbitraire, dans la justice politique, c'est la
tyrannie du juge sur l'accusé, et des factions populaires sur le juge.

La responsabilité ministérielle ne fait point
exception à cela ; d'abord parce que les procès
auxquels elle donne lieu, sont au premier rang
parmi les procès politiques, et excitent les pas-

sions au plus haut degré; ensuite, parce que les accusés n'y sont ni plus ni moins accusés que les autres, et ont à ce titre un droit égal à la protection des lois; de plus, parce qu'il serait trop naïvement absurde de dire d'un ministre, qu'il est hors des lois dès qu'il est ministre; enfin, parce que dans la responsabilité ministérielle, comme on l'a dit fort exactement avant moi, c'est la couronne même qui est en jugement. D'où la conséquence que ce serait la couronne qui y serait opprimée. Or, s'il ne faut pas qu'elle opprime, dans un état libre, la liberté de l'État elle-même est intéressée à ce qu'on ne l'opprime point.

Donnez l'arbitraire à la cour des pairs contre les ministres; accordez-lui contre eux ce droit de vie et de mort qu'on propose à son ambition : la couronne alors est à la discrétion de la chambre haute; l'équilibre des pouvoirs n'est plus qu'un vain nom; la constitution que vous croyez avoir, vous ne l'avez plus.

Nous venons de voir de quelle nature est l'exception qu'on veut faire, et de quelle nature les motifs qu'on allègue pour l'autoriser. Il reste

encore les moyens qu'on propose pour les mettre
en œuvre.

Voici ces moyens : « C'est à la chambre des
» députés, qui accuse, et à la cour des pairs,
» qui juge, à suppléer à l'absence de définitions
» légales. La puissance, qui statue en principe,
» et qui fait aussitôt et presque simultanément
» l'application du principe, crée la loi, et en
» use à l'instant même, pour prononcer le juge-
» ment. »

Voilà tout, et il n'y a, comme on voit, rien
de plus simple. Mais M. de Bastard ne fait pas
attention que cette simplicité est si grande,
qu'elle en est trop grande, et qu'à force de vouloir
abréger, il s'expose à un reproche qui n'est pas
médiocre, savoir : de justifier le droit par le
fait, et de résoudre la question par la question.

La puissance qui statue, crée la loi, et en use
à l'instant même dans le jugement : mais c'est
un fait, cela, et ce que vous avez à donner est la
raison de ce fait.

C'est à la chambre qui accuse, et à la chambre
qui juge, de suppléer à la définition légale :
mais c'est une assertion, cela, et ce que vous

avez à donner est la preuve de cette assertion.

Vous ne la donnez point, cette preuve, et j'en sais bien le motif : c'est qu'elle n'est nulle part. Mais, en revanche, la preuve contraire est partout, et la produire est chose facile.

Faut-il donc vous dire pourquoi la puissance qui statue ne crée pas la loi au même instant qu'elle en use? C'est que, juge tour à tour et législateur, elle n'exerce jamais conjointement ces deux facultés; c'est qu'elle ne pourrait l'entreprendre sans violer la règle de la séparation des pouvoirs; c'est que, puissance unique et complète, quand elle juge, elle n'est, quand elle crée des lois, qu'une fraction de puissance; c'est qu'enfin le jugement et la loi ne peuvent jamais être faits simultanément, puisque la loi ne doit pas seulement précéder le jugement, mais même le crime.

Faut-il vous dire pourquoi il n'est pas vrai que la chambre qui accuse et celle qui juge puissent suppléer la définition du crime? C'est que la définition des crimes est une partie essentielle des lois criminelles; qu'une chambre qui accuse et une autre chambre qui juge remplis-

sent, pendant qu'elles accusent ou qu'elles ju-
gent, un office judiciaire et non un office de législation; que les deux chambres, quelque
étendue que soit leur puissance, sont néanmoins
impuissantes à faire les lois; que les lois se font
avec de certaines formes, et les jugemens avec
d'autres; qu'enfin il serait monstrueux que l'accusateur, quel qu'il fût, concourût, pendant le
temps qu'il accuse, à l'établissement d'une disposition légale, qu'on dût appliquer à ceux qu'il
accuse.

Je sais bien ce que vous dites, que les actes
d'un tel procès ont une sorte de caractère législatif, mêlé avec leur caractère judiciaire. Mais
cela est faux; cela choque la raison et le droit;
cela est inique, et heureusement impossible.
Vous confondez le caractère des hommes avec
celui de leurs actes. Parce que les hommes ont
deux pouvoirs successifs, vous concluez que leurs
actes peuvent avoir conjointement deux natures.
C'est grand dommage qu'il y aille d'une vie
d'homme, et que l'effet possible de cette éton-
nante confusion, oblige à la traiter sérieusement.

Non , cent fois non : les lois ne se font pas ,
en France, par des jugemens ; non plus que les
jugemens par des lois. Un procès législatif ! on
en a vu, il est vrai ; mais on n'en pourrait voir
encore, qu'au prix des mêmes malheurs.

Quand la chambre, qui a la prérogative de
rendre des jugemens , se prépare à en faire usage,
elle dépose jusqu'au titre législatif qui lui appartient, et se revêt aussitôt du titre réservé aux
cours de justice. Pourquoi cela ? si ce n'est pour
marquer encore plus la différence des deux pouvoirs, et l'impuissance où l'on est de les associer
et de les confondre ?

Je sais bien encore , qu'à votre avis la nécessité *proroge*, ou , pour parler plus exactement,
étend tous les pouvoirs. Mais de quels pouvoirs
parlez-vous ? si vous parlez des pouvoirs politiques , c'est l'opinion de beaucoup de gens , et
je ne la contesterai pas. Mais quel avantage en
retirez-vous , puisqu'il est question d'un autre
pouvoir ? Si vous parlez des pouvoirs judiciaires ,
je le nie, et il n'y a pas de jurisconsulte en
France qui ne le nie avec moi. Quoi, les juridictions s'étendraient ; elles augmenteraient leurs

attributions, ou prolongeraient leur durée, sous le vain prétexte d'une nécessité dont il n'y aurait d'autres juges qu'elles ! Des hommes, étendant eux-mêmes leur pouvoir de juger, c'est-à-dire, en réalité, s'attribuant des pouvoirs qui ne leur appartiendraient pas, enverraient d'autres hommes au supplice, à titre de nécessité ! Doctrine atroce, si elle était vraie, mais qui ne peut heureusement effrayer personne, parce qu'elle n'a pas l'apparence même de la vérité.

Et puis, expliquez-nous, je vous prie, quelle nécessité vous avez en vue. Vous confondez perpétuellement, et sans doute à votre insu ; mais vous confondez. La nécessité qui étend les pouvoirs, ou qui les proroge, si vous l'aimez mieux, est la nécessité dont j'ai parlé autre part, celle de sauver l'état et le peuple. Mais la vôtre n'a aucun trait de ressemblance avec celle-là. Il ne s'agit pas de préserver, mais de venger. Il n'est pas question de sauver, mais de punir. Vengeance et punition sont des nécessités d'un autre ordre que la nécessité du salut. Elles ne sont, en aucun cas, ni aussi favorables, ni aussi pressantes. On sort des règles pour l'autre ; pour elles, on n'en sort jamais. Venger et punir sans loi, c'est toujours de la violence et de l'oppression. La nécessité de sauver l'État exceptée, la plus grande nécessité pour un peuple est de sauver ses lois. La justice, qui n'est telle que par la puissance des lois, n'admet aucune nécessité contraire à cette puissance. La nécessité de la vengeance, elle l'ignore; la nécessité de punir, elle la connaît, mais seulement en tant qu'elle lui est imposée par les lois.

Cependant les pairs ont déjà usé de ce droit? Jamais. Ils ont arbitré les peines? Oui, ils ont arbitré les peines, et néanmoins, ils n'ont pas exercé le droit que vous prétendez leur attribuer. Qu'est-il arrivé en effet? qu'ayant constaté un délit et déclaré l'accusé coupable, ils ont affaibli la peine que prescrivait le Code pénal. Mais le délit était défini par la loi; mais la peine était déjà établie. Les pairs ne disaient pas alors ce qu'on veut qu'ils disent aujourd'hui, qu'il n'y avait ni loi, ni définition, ni peine, et que cependant ils condamneraient. Ils ne confondaient pas les pouvoirs; ils ne faisaient pas, à eux seuls, une loi nouvelle et rétroactive; ils n'instituaient

pas après coup un châtiment inconnu ; ils ne
condamnaient pas arbitrairement, en avouant
que la loi les eût obligés d'absoudre. Bien loin
de là : s'ils empiétaient, c'était seulement sur le
droit de grâce ; s'ils choquaient les règles, ce n'é-
tait pas pour punir plus, mais pour moins punir ;
s'ils altéraient les lois, ce n'était pas contre l'accusé, mais en sa faveur. Cela était-il régulier ?
non sans doute ; car il y avait encore dans cet
acte quelque violation des droits d'un autre pouvoir. Aussi le tiers de la chambre fit-il une pro-
testation solennelle, et refusa-t-il de signer l'arrêt. Mais comparez cependant les deux violations,
et dites si cette dernière peut servir sérieusement
de prétexte à l'autre. Condamner au-delà des
lois, parce qu'on a condamné dans une occasion
moins sévèrement que les lois, quelle jurispru-
dence et quelle logique ! Conclure de l'indulgence,
la sévérité, et de la pitié, la violence ! merveilleuse déduction de sentimens et d'idées ! On avait
cru jusqu'ici que le pouvoir plus grand compre-
nait le moindre. M. de Bastard change tout cela.
Ce sera désormais le moindre qui comprendra le
plus grand.

Et pourtant, ne se montre-t-il pas satisfait?
Écoutons-le encore une fois : ce n'est pas sans dessein que j'ai réservé cet argument-ci pour clore
et couronner l'œuvre.

« Si la cour n'instituait pas la peine, *en pro-*
» *nonçant la condamnation,* toute condamnation
» deviendrait une *iniquité,* puisqu'elle applique-
» rait une peine que rien n'autoriserait, ne jus-
» tifierait, *qui ne serait établie par aucune loi.* »

Oh ! M. de Bastard, ce langage me surprend
beaucoup ! Voilà, pour dire la vérité, une can-
deur rare, et un assemblage, fort peu déguisé,
d'idées qu'on croirait mises ensemble pour se détruire réciproquement. Quoi, vous ne le contestez
plus ; vous le dites, au contraire, et le proclamez :
toute condamnation devient inique, qui n'est pas
établie par une loi. Eh mais ! où est votre loi, à
vous, qui proposez des condamnations ? Vous
confessiez tout à l'heure qu'elle vous manquait.
Vous proposez donc une iniquité.

Vous ferez la loi, dites-vous, dans le jugement,
mais avant la condamnation. Expliquez cela, s'il
vous plaît. Quoi, si la condamnation qui fera
partie du jugement sans doute, applique une peine

qui ne soit pas déjà instituée par ce jugement,
ce sera une iniquité ; et ce ne sera plus une iniquité,
si le jugement institue d'abord la peine et ne l'applique qu'après l'avoir instituée ! En sorte que,
pourvu qu'il y ait deux clauses, deux phrases,
deux lignes, un point bien marqué, qui divise
grammaticalement la disposition en deux parts,
ce sera la plus équitable chose du monde ; mais
aussi la plus odieuse et la plus inique, si ce favorable point disparaît, et que les deux phrases
n'en forment plus qu'une seule. Iniquité, si
l'arrêt disait seulement : Condamne les accusés à
telle peine ; équité parfaite, si l'arrêt dit : La
peine sera telle ; en conséquence, condamne les
accusés à cette peine ! Que répondre à de si éton-
nantes choses ? La plume tombe des mains.

L'iniquité, M. de Bastard, c'est de déguiser,
sous des semblans de justice, des combinaisons
qui n'ont rien de commun avec elle ; c'est d'usur-
per un pouvoir que les lois ne nous donnent pas ;
c'est de commettre ces infractions par esprit de
sévérité et non d'indulgence ; c'est de juger dans
le dessein de punir ; c'est de punir comme qui se
venge, et de demander, au nom des lois, qu'on

les foule aux pieds. L'iniquité, je le crains beaucoup, est ce que vous faites; car il n'y a d'équité
dans les jugemens que lorsqu'ils sont fondés sur
des lois véritables, antérieures, qu'on ait pu
connaître, et qui aient été portées régulièrement.
Faites donc à votre gré une seule clause ou deux
clauses; mettez la peine avant ou après, peu
importe. Votre jugement ne saurait être une
loi; vous n'êtes pas législateur quand vous êtes
juge; votre loi d'aujourd'hui ne pourrait saisir le
passé. Souvenez-vous donc de votre maxime;
c'est ici le lieu : « Toute condamnation devient
» une iniquité, quand elle applique une peine
» qui n'est établie par aucune loi. »

CHAPITRE XVI.

DE L'ARRÊT DE LA COUR DES PAIRS.

JE sais avec quels ménagemens il convient de parler des actes de la puissance publique, et je n'ai aucune envie de m'en dispenser.

Mais je sais aussi quel droit a été donné à ceux que blessent les actes de cette puissance, pour les discuter et les censurer, et je n'ai point l'intention de renoncer à ce droit.

Heureusement, tout peut se concilier sans effort. Le rapport, précurseur de l'arrêt, lui a ouvert la voie où il s'est jeté. L'arrêt est déjà frappé de tous les coups dirigés contre le rapport. Le rapport, comme cela était juste, aura supporté le poids principal de la discussion. Je puis abréger.

L'arrêt a fait plusieurs choses :

Il a supposé la compétence de la cour, qui n'était pas compétente;

Il a appliqué une seconde fois à un même fait le principe de la responsabilité, dont l'effet légitime était déjà épuisé.

Il a nié la signification naturelle et grammaticale de l'article 14 de la Charte, quoique cette signification eût été solennellement proclamée dans le même lieu, il y avait à peine deux ans.

Mais j'en ai assez dit ailleurs sur ces questions-là. Et puis elles sont du fond de la cause où je ne veux plus revenir. Je n'ai qu'un objet maintenant : de faire voir l'inconstitutionnalité et la nullité radicale de cet arrêt.

Or, il a bien fait autre chose encore, que ce que je viens d'indiquer.

Il a déclaré que de certains actes constituaient un crime qu'aucune loi n'avait encore défini.

Il a affirmé que la loi ne déterminant aucune

peine pour ce crime, la cour était contrainte d'y
suppléer;

Il a institué une peine étrangère aux peines déjà
établies;

Il a attaché à cette peine principale, des peines
accessoires, que les règles de la législation ne per-
mettaient pas de joindre avec elle.

Voilà les nouveaux griefs pour lesquels, moi,
accusé, j'accuse l'arrêt, et proteste solennellement contre lui.

Le premier a deux fondemens, l'un dans le
droit commun, l'autre dans le droit spécial de
la trahison.

Il est de droit commun que le juge criminel
ne peut condamner que pour les délits dont le
caractère a été fixé par la loi;

Il est du droit spécial fondé par la Charte, que
les pairs ne pourront juger que « les crimes de
» haute trahison qui seront définis, ou dont la
» nature aura été spécifiée par la loi » (art. 33
et 56).

L'arrêt viole donc le droit commun et la Charte,
en substituant une définition arbitraire à celle
que la législation seule aurait pu donner.

Le second grief a les mêmes fondemens.

Il est de droit universel que, dans le silence de la loi, le juge doit s'abstenir. « La sentence » doit être dans la loi », dit Beccaria (chap. 4).

Il est de droit absolu, en toute juridiction pénale, que la loi seule établit la peine, et que le fait auquel on l'applique doit être postérieur à la loi. « Nul délit, dit le Code pénal, ne peut » être puni de peines qui n'étaient pas pro- » noncées par la loi avant qu'il fût commis » (art. 4).

Il est de droit spécial pour la trahison que « la poursuite doit en être déterminée par la loi » (Charte, art. 53).

Que parle-t-on de contrainte? Le juge n'en reconnaît qu'une : celle qui lui vient de la loi. Et la loi a deux manières de lui imposer cette contrainte : la première par un ordre exprès; la seconde par son silence. Le juge obéit également à l'une et à l'autre. Sur la première, il agit; sur la seconde, il s'abstient.

Ce n'est donc pas pour avoir parlé de contrainte que l'arrêt peut être blâmé; mais pour en avoir méconnu la nature et changé les effets.

Oui, il y avait pour la cour une véritable contrainte; mais elle ne tendait pas, cette contrainte,
à faire faire une loi dans un jugement, car il n'y
a jamais pour le juge de devoir contre son devoir.
Elle n'allait pas non plus à faire prononcer des
condamnations; car le juge n'éprouve et n'avoue
cette funeste nécessité, que lorsque un comman-
dement formel de la loi l'y assujettit. La vraie contrainte, la seule qu'on pût reconnaître et à laquelle on dût obéir, était la contrainte d'absoudre. L'arrêt en a proclamé la raison : c'est qu'il
n'y avait ni peine ni loi.

Le troisième grief est encore plus grave; car
ce n'est pas seulement la loi pénale; c'est la loi
politique qui est violée : et elle ne l'est pas seulement au préjudice de quelques accusés, mais
au préjudice même de l'État.

La loi pénale est de toutes les lois qui ne sont
pas comprises dans la constitution de l'État, celle
qui importe le plus à l'État et aux citoyens; car
il y va de la liberté et de la vie. C'est pourquoi
s'il y avait quelque différence à faire entre ces
lois, ce serait principalement en faveur de celle-
ci; ce serait pour elle qu'il faudrait observer

avec le plus de scrupule les formes prescrites pour leur établissement.

Or, l'institution des peines est du domaine de la loi; nul ne l'ignore. C'est une maxime du droit politique, et de plus, le Code pénal, comme je l'ai déjà dit, l'a renouvelée.

Les pairs donc n'ayant point de-peine et en voulant une, ils ne pouvaient l'obtenir que par une loi.

Ils l'ont faite, à ce qu'ils assurent; mais de quelle manière? A titre de juges, et par le seul effet de leur vote. Ni le prince, ni la seconde chambre n'y ont concouru.

On a oublié que, quoique la chambre des pairs soit une portion essentielle de la puissance législative, elle n'en est cependant qu'une portion (Charte , art. 24).

On a oublié que la cour des pairs n'en est pas même une portion.

On a oublié que cette puissance s'exerce collectivement, par le roi et les deux chambres (Charte , art. 15).

On a oublié que toute disposition de loi doit

être votée librement, par la majorité des deux chambres (Charte , art. 18).

On a oublié que nulle loi n'est loi, si elle n'a été sanctionnée et promulguée (Charte, art. 22).

On ne s'est souvenu que d'une chose, savoir : que l'on voulait condamner, qu'on le voulait à tout prix, même au prix de la plus évidente violation de la constitution de l'État.

Le crime était de l'avoir violée ; le châtiment n'a été obtenu qu'en la violant !

Le reste a peu d'importance auprès d'une erreur si considérable ; il en a encore cependant.

Certes, si la cour des pairs jugeait à titre législatif et pouvait absorber en elle les trois élémens du pouvoir qui fonde les lois, ce que je vais dire devrait être supprimé. Arbitre de tout, il n'est rien qu'elle n'eût pu faire.

Mais je n'imagine pas qu'il se trouve maintenant beaucoup d'esprits disposés à lui attribuer une autorité aussi monstrueuse.

On ne s'étonnera donc pas que je la ramène et que je la renferme dans son véritable pouvoir.

La cour des pairs jugeait donc , et puisqu'elle jugeait, elle n'avait que le choix d'absoudre ou

de condamner. Si elle voulait condamner, elle
avait encore un autre choix, celui des peines.
Mais le choix seulement et non l'invention ; le
choix parmi les peines établies, et non un choix
capricieux et indéfini parmi les peines que l'imagination peut créer. Elle, au contraire, elle n'a
point choisi, elle a inventé ; elle a dédaigné les
peines connues et en a arrangé une à sa fantaisie
qui ne se trouvait dans aucune loi. Elle a fait ce
qui n'avait eu jusqu'ici d'exemple dans aucun
tribunal de justice : elle a fait le crime, la loi, la
peine et le jugement. C'est la justice des gouvernemens despotiques, avec un peu d'arbitraire de
plus.

Mais la voie des empiétemens est rapide ; la
barrière franchie, on ne se contient plus. La
cour des pairs n'a pas mieux résisté à cet entraî-
nement, qu'on ne l'avait fait avant elle. Après
avoir violé la première règle du droit criminel et l'une des premières du droit politique,
les autres règles n'étaient plus qu'un jeu ; et, en
effet, elle n'y a vu que cela.

Ainsi, elle fait choix d'une peine correctionnelle, et ne pouvant point, ni ne voulant même

en changer la nature, elle en change néanmoins
la durée.

Puis, comme si ce changement de durée devait influer sur la nature de la peine, qu'elle ne
voulait pourtant pas changer, elle entreprend
de lui faire produire de certains effets, pour lesquels le changement de nature était nécessaire.

Elle veut avoir les conséquences de la chose,
et non la chose.

Elle sait bien que sa peine est correctionnelle ;
elle n'ignore point que nos lois pénales ne clas-
sent l'emprisonnement, qu'elle prononce, ni
parmi les peines infamantes, ni parmi les peines
afflictives. Elle entend même qu'il en soit ainsi,
et que les peines qu'elle inflige, ne soient en aucun cas infamantes. C'est sa doctrine à elle ;
c'est sa prétention et sa volonté.

Toutefois elle a encore une volonté. Elle veut
que n'étant pas infamante, sa peine soit comme
si elle était infamante ; qu'elle entraîne des morts
civiles, des interdictions et des déchéances, que
les lois criminelles attachent à de certaines peines
infamantes, et à aucune autre.

Elle le veut, et s'embarrasse elle-même de sa

volonté. Car ces choses-là ne sont pas des peines, mais de simples effets de peines, et elle n'ignore point que la peine qu'elle inflige n'est pas au nombre de celles qui les produisent.

Elle se souvient de ce que dit l'article 24 du Code civil : « Que les peines, même afflictives et » perpétuelles, n'emportent la mort civile » qu'autant que la loi y a attaché cet effet. »

Elle n'oublie point que les articles 28 et 29 du Code pénal n'attachent l'interdiction qu'à des peines fort étrangères à celle dont elle a fait choix.

Elle a sous les yeux l'ordonnance du 26 mars 1816, selon laquelle la dégradation n'est encourue que pour des condamnations d'une autre sorte.

Elle sent bien aussi qu'elle ajoute à cette déchéance autorisée, d'autres déchéances qui ne le sont pas.

Comment donc résoudre ces difficultés? par le même moyen que les autres : en confondant tout; en changeant en peines directes ce que les lois n'ont établi que comme des accessoires de peines; en condamnant expressément à la mort

civile, comme elle eût condamné à la mort naturelle ; en infligeant l'interdiction légale , ce
qui signifie interdiction de droit, sous-entendue
et non exprimée, en l'infligeant formellement
comme une peine distincte et un châtiment à
part ; en réunissant enfin, par une combinaison
inouïe, à une peine moindre, les effets d'une
peine plus grande, à une peine correctionnelle,
les accessoires des châtimens infamans.

Jamais plus inextricable chaos de lois violées,
de garanties détruites, de droits envahis. Jamais
plus d'arbitraire et de violence dans la justice,
qui a horreur de l'un et de l'autre.

Il faut plaindre le peuple chez lequel on peut
rendre de pareils arrêts, et encore plus celui
chez lequel on pourrait les exécuter.

Si ce peuple se croyait libre, il faudrait qu'il
se fût fait une étrange idée de la liberté.

Je sais bien l'excuse, et ne me propose point
de la taire. On ne voulait ni tuer, ni laisser
tuer.

Cela est bien. Mais tuer ! Il suffisait de la loi
pour s'en empêcher : elle ne le permettait pas.

Laisser tuer ! ce n'est pas à moi de dire,

quoique je le sache, ce qu'il fallait pour y mettre obstacle. Mais je dirai du moins ce qu'il ne fallait pas : il ne fallait pas violer les lois pour éviter qu'on les violât.

Et puis, quand on a eu le malheur d'être réduit à employer de mauvaises voies pour un résultat légitime, le résultat obtenu, que fait-on? On abandonne et désavoue ces voies dangereuses ; on brise l'odieux instrument dont la présence tournerait incessamment en reproche, la bonne action à laquelle on l'a fait servir.

CHAPITRE XVII.

CONCLUSION.

Après avoir lu cet écrit, on éprouvera peut-être quelque curiosité de savoir ce que je prétends en conclure.

Ce désir, si on l'éprouve, ne sera pas satisfait; car ma conclusion sera de n'en prendre aucune.

L'accusation était irrégulière; si je l'ai prouvé, cela me suffit.

L'arrêt est contraire au droit public de la France; si j'en ai donné la preuve, c'est assez pour moi.

Je n'ai pris la plume que pour convaincre les hommes sincères : leur assentiment obtenu, je ne demande plus rien.

Qu'aurais-je à demander de plus, et à qui?

Si je suis dépouillé de tout, qu'est-ce que cela fait? Si j'ai perdu ma liberté comme tout le reste, qu'est-ce que cela fait?

Un homme souffre et passe : quoi qu'il arrive, cela dure peu.

Il n'y a que sa mémoire qui ait quelquefois un peu de durée, quand il a des amis qui lui survivent et qui lui gardent leur foi.

Aussi, est-il peut-être un peu moins déraisonnable de prendre soin de sa mémoire que de sa personne.

Que sais-je? c'est peut-être pour cela que je ne demande rien, et ne prétends rien. L'honneur le veut.

FIN.

TABLE

DES CHAPITRES.

FIN DE LA TABLE.

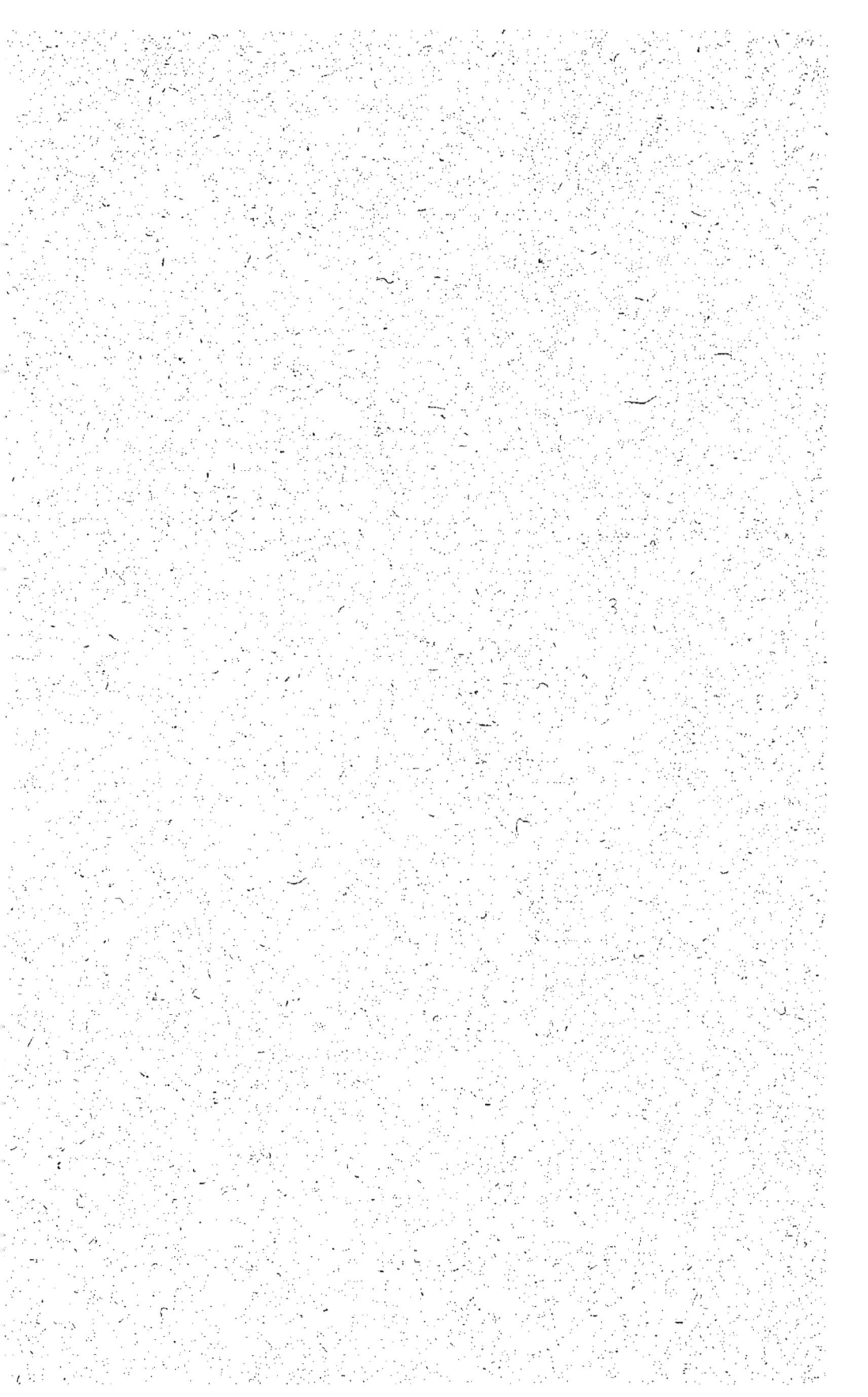

www.ingramcontent.com/pod-product-compliance
Lightning Source LLC
Chambersburg PA
CBHW071846200326
41519CB00016B/4268